目　　次

第 1 　総　　　　　説

令和4年度補正予算(第2号及び特第2号)は、令和4年10月28日に閣議決定された「物価高克服・経済再生実現のための総合経済対策」を実施するために必要な経費の追加等を行う一方、歳入面において、最近までの収入実績等を勘案して租税及印紙収入の増収を見込むとともに、前年度剰余金の受入や公債金の増額等を行うことを内容とするものである。

1　一般会計における歳出の追加事項は、(1)物価高騰・賃上げへの取組7,816,959百万円、(2)円安を活かした地域の「稼ぐ力」の回復・強化3,486,342百万円、(3)「新しい資本主義」の加速5,495,612百万円、(4)防災・減災、国土強靱化の推進、外交・安全保障環境の変化への対応など、国民の安全・安心の確保7,547,179百万円、(5)今後への備え4,740,000百万円(①新型コロナウイルス感染症及び原油価格・物価高騰対策予備費3,740,000百万円、②ウクライナ情勢経済緊急対応予備費1,000,000百万円)であり、これらの総合経済対策に対応する追加額は合計29,086,091百万円である。このほか、その他の経費を222,902百万円、国債整理基金特別会計へ繰入を690,592百万円、それぞれ増額することとしている。

他方、既定経費の減額として1,077,358百万円の修正減少を行うこととしているので、今回の補正による一般会計の歳出総額の増加は28,922,227百万円となる。

次に、歳入については、最近までの収入実績等を勘案し、租税及印紙収入3,124,000百万円の増収を見込むとともに、前年度剰余金受入2,273,171百万円(うち令和3年度の「財政法」(昭22法34)第6条の純剰余金1,381,184百万円)を計上するほか、税外収入673,056百万円の増収を見込み、公債金については22,852,000百万円を増額することとしている。なお、この公債金の増額は、「財政法」(昭22法34)第4条第1項ただし書の規定による公債の増発2,476,000百万円と、「財政運営に必要な財源の確保を図るための公債の発行の特例に関する法律」(平24法101)第3条第1項の規定による公債の増発20,376,000百万円を合わせたものである。この結果、公債依存度は44.9%(成立予算35.9%)となる。

2　特別会計予算においては、11特別会計について、所要の補正を行うこととしている。

3　なお、一般会計及び特別会計において、所要の国庫債務負担行為の追加を行うこととしている。

第2 一般会計

令和4年度一般会計歳入歳出予算は、今回の予算補正によって次のとおりとなる。

	歳 出(百万円)	歳 入(百万円)
成 立 予 算 額	110,297,342	110,297,342
追 加 額	29,999,585	28,923,317
修 正 減 少 額	△ 1,077,358	△ 1,090
差 引 額	28,922,227	28,922,227
改 予 算 額	139,219,569	139,219,569

今回の歳入歳出の補正の内訳は、次のとおりである。

（単位　百万円）

歳 出 の 補 正		歳 入 の 補 正	
物価高騰・賃上げへの取組	7,816,959	租 税 及 印 紙 収 入	3,124,000
円安を活かした地域の「稼ぐ力」の回復・強化	3,486,342	税 外 収 入	673,056
「新しい資本主義」の加速	5,495,612	公 債 金	22,852,000
防災・減災、国土強靱化の推進、外交・安全保障環境の変化への対応など、国民の安全・安心の確保	7,547,179	公 債 金	2,476,000
今 後 へ の 備 え	4,740,000	特 例 公 債 金	20,376,000
新型コロナウイルス感染症及び原油価格・物価高騰対策予備費	3,740,000	前 年 度 剰 余 金 受 入	2,273,171
ウクライナ情勢経済緊急対応予備費	1,000,000		
小 計	29,086,091		
そ の 他 の 経 費	222,902		
国債整理基金特別会計へ繰入	690,592		
追 加 額 計	29,999,585		
既 定 経 費 の 減 額	△ 1,077,358		
合 計	28,922,227	合 計	28,922,227

（A）　歳　　出

1　物価高騰・賃上げへの取組

補正第2号追加　　　　　7,816,959(百万円)

（1）エネルギー・食料品等の価格高騰により厳しい状況にある生活者・事業者への支援

補正第2号追加　　　　　6,316,849(百万円)

①　エネルギー価格高騰への激変緩和対策

補正第2号追加　　　　　6,151,036(百万円)

上記の追加額は、電気料金、都市ガス料金及び燃料油価格の高騰の激変緩和措置を講じるために必要な経費であって、その内訳は次のとおりである。

（単位　百万円）

燃料油価格激変緩和対策事業費	3,027,175
電気価格激変緩和対策事業費	2,487,017
都市ガス価格激変緩和対策事業費	620,345
タクシー事業者液化石油ガス価格激変緩和対策事業費	16,500
計	6,151,036

②　食料品価格上昇や農林漁業者の経営への影響緩和対策

補正第2号追加　　　　　55,057(百万円)

上記の追加額は、燃油や飼料原料等の価格上昇による影響に対応するため、生産者への補填金の交付や適正な価格形成への理解醸成等に必要な経費であって、その内訳は次のとおりである。

（単位　百万円）

漁業経営セーフティーネット構築事業費	33,000
配合飼料価格高騰緊急対策事業費	10,311
施設園芸等燃料価格高騰対策事業費	8,499
生鮮食料品等サプライチェーン緊急強化対策事業費	876
ニッポンフードシフト総合推進事業費	800
国立研究開発法人農業・食品産業技術総合研究機構運営費交付金	771
地域食育推進事業費	500
食品ロス削減及びフードバンク支援緊急対策事業費	300
計	55,057

③　資金繰り支援等

補正第2号追加　　　　　15,295(百万円)

上記の追加額は、中小企業・小規模事業者等に対して、資金繰り支援等を実施するために必要な経費であって、その内訳は次のとおりである。

（単位　百万円）

株式会社日本政策金融公庫補給金	9,918
沖縄振興開発金融公庫補給金	4,988
株式会社日本政策金融公庫出資金(厚生労働省分)	351
農業信用保険事業交付金	38
計	15,295

④　そ　の　他

補正第2号追加　　　　　95,462(百万円)

上記の追加額の内訳は、次のとおりである。

（単位　百万円）

住民税非課税世帯等に対する給付金	91,780
戦略的な政府広報実施経費	3,419
特定有人国境離島地域社会維持推進交付金	200
生活関連物資等及び公共料金に関する調査・啓発に要する経費	63
計	95,462

（2）エネルギー・食料品等の危機に強い経済構造への転換

補正第2号追加　　　　　425,651(百万円)

①　危機に強いエネルギー供給体制の構築

補正第2号追加　　　　　310,848(百万円)

上記の追加額は、子育て世帯等による高い省エネ性能を有する住宅の取得の支援や、住宅の断熱性の向上に資する改修及び高効率給湯器の導入の支援等に必要な経費であって、その内訳は次のとおりである。

(単位　百万円)

項目	百万円
道路整備事業	3,795
住宅都市環境整備事業費	150,405
住宅対策	150,000
道路環境整備事業	405
高効率給湯器導入促進事業費	29,998
省エネルギー投資促進支援事業費	25,000
天然ガス流通合理化事業費	23,600
小売価格低減に資する石油ガス配送合理化事業費	13,773
民間企業等による再エネ主力化・レジリエンス強化促進事業費	9,000
脱炭素燃料サプライチェーン構築事業費	8,600
SSの事業再構築・経営力強化事業費	7,304
建築物等の脱炭素化・レジリエンス強化のための高機能換気設備導入・ZEB化支援事業費	6,000
地域脱炭素移行・再エネ推進交付金	5,000
工場・事業場における先導的な脱炭素化取組推進事業費	4,000
地熱発電の資源量調査事業費	3,400
プラスチック資源・金属資源等の脱炭素型有効活用設備等導入促進事業費	3,000
再エネの最大限導入のための計画づくり支援事業費	2,200
エネルギー安全保障等に資する国際機関等を通じた経済安全保障推進費	2,193
事業用自動車における低公害化車両等集中的導入支援事業費	2,050
公共施設への自立・分散型エネルギー設備等導入推進事業費	2,000
中小企業等に向けた省エネルギー診断拡充事業費	1,999
小売価格低減に資する石油ガス設備導入促進事業費	1,571
資源自律に向けた資源循環システム強靱化実証事業費	1,500
既存住宅の断熱リフォーム等加速化事業費	1,390
再エネ×電動車の同時導入による脱炭素型カーシェア・防災拠点化促進事業費	1,000
再生可能エネルギーの大量導入に向けた次世代型ネットワーク構築加速化事業費	1,000
揚水発電の運用高度化及び導入支援事業費	999
トラック輸送効率化等推進事業費	70
計	310,848

② 危機に強い食料品供給体制の構築

補正第2号追加　114,803(百万円)

上記の追加額は、肥料・飼料・穀物等の国産化の推進や安定供給のための施設整備、国産原材料への切替えの支援等に必要な経費であって、その内訳は次のとおりである。

(単位　百万円)

項目	百万円
下水道事業	2,514
農業農村整備事業	7,000
社会資本総合整備事業費	465
社会資本整備総合交付金	131
防災・安全交付金	334
畑地化促進事業費	24,990
肥料原料備蓄対策費	16,000
米粉の利用拡大支援対策事業費	13,992
国内肥料資源利用拡大対策事業費	9,998
食品原材料調達安定化等対策事業費	9,993
畑作物産地形成促進事業費	9,000
国産小麦・大豆供給力強化総合対策事業費	6,361
飼料自給率向上総合緊急対策事業費	6,000
持続的畑作生産体系確立緊急支援事業費	2,321
国内森林資源活用・木材産業国際競争力強化対策事業費	2,000
ペレット堆肥流通・下水汚泥資源等の肥料利用促進技術の開発・実証事業費	1,000
食料安全保障強化に向けた革新的新品種開発プロジェクト事業費	1,000
特定水産物供給平準化事業費	1,000
養殖業体質強化緊急総合対策事業費	800
さけ増殖資材緊急開発事業費	200
世界貿易機関を通じた漁業資源管理支援のための拠出金	90
物価高対策に資する食品ロス対策事業費	80
計	114,803

（3）　継続的な賃上げの促進・中小企業支援

補正第2号追加　1,074,459(百万円)

①　賃上げの促進

補正第2号追加　790,000(百万円)

上記の追加額は、中小企業・小規模事業者等における事業再構築・生産性向上等と一体的に行う賃上げへの支援等に必要な経費であって、その内訳は次のとおりである。

（単位　百万円）

中小企業等事業再構築促進事業費	580,000
中小企業生産性革命推進事業費	200,000
最低賃金の引上げに向けた中小企業・小規模事業者支援事業費	10,000
計	790,000

② 中小企業等の賃上げの環境整備

補正第2号追加　　　284,459(百万円)

（イ）　中小企業等が価格転嫁しやすい環境の実現

補正第2号追加　　　511(百万円)

上記の追加額は、中小企業等が適切な価格転嫁を実施できる取引環境の整備に必要な経費であって、その内訳は次のとおりである。

（単位　百万円）

中小企業取引対策事業費	472
法執行強化による中小事業者等取引適正化推進費	39
計	511

（ロ）　中堅・中小企業が生み出す付加価値の向上

補正第2号追加　　　283,948(百万円)

上記の追加額は、新型コロナウイルス感染症や物価高騰等による事業環境変化への対応等に必要な経費であって、その内訳は次のとおりである。

（単位　百万円）

信用保証料減免支援事業費	183,200
株式会社日本政策金融公庫出資金(経済産業省分)	66,300
株式会社日本政策金融公庫出資金(財務省分)	11,400
事業環境変化対応型支援事業費	11,285
中小企業活性化・事業承継総合支援事業費	6,730
認定支援機関による経営改善計画策定支援事業費	5,034
計	283,948

2　円安を活かした地域の「稼ぐ力」の回復・強化

補正第2号追加　　　3,486,342(百万円)

（1）　コロナ禍からの需要回復、地域活性化

補正第2号追加　　　2,405,480(百万円)

① 観光立国の復活

補正第2号追加　　　236,913(百万円)

上記の追加額は、足元の円安メリットを活かして訪日外国人旅行消費額の年間5兆円超の速やかな達成をはじめ、我が国の観光を持続可能な形で復活させるため、観光地・観光産業の再生・高付加価値化に向けた取組への支援や戦略的な訪日プロモーションの実施、インバウンドの本格回復に備えた訪日外国人観光客の受入環境整備等に必要な経費であって、その内訳は次のとおりである。

（単位　百万円）

地域一体となった観光地再生・高付加価値化事業費	100,000
検疫体制の確保等事業費	59,706
訪日外国人旅行者受入環境整備緊急対策事業費	24,305
コンテンツ海外展開促進・基盤強化事業費	20,020
インバウンドの本格的回復に向けた集中的取組等に要する経費	16,364
インバウンドの地方誘客・消費拡大に向けた観光コンテンツ造成支援事業費	9,350
地方空港等受入環境整備事業費	1,486
都市・幹線鉄道整備事業	1,402
面的地域価値の向上・消費創出事業費	1,033
国立公園利用拠点再生促進事業費	1,000
世界遺産センター施設整備費	744
映像コンテンツ海外展開支援事業費	583
2025年日本国際博覧会出展支援事業費	450
適正な出入国・在留管理に要する経費	427
港湾機能高度化事業費	23
駐日各国大使等と地方公共団体等との連携・交流促進事業費	19
計	236,913

② 地域活性化

補正第2号追加　　　2,168,567(百万円)

（イ）　コロナ禍で大きな影響を受けた産業

の需要回復

補正第2号追加　　　　　5,824(百万円)

　上記の追加額は、コロナ禍で大きな影響を受けた産業における需要回復に資する地域金融機関等による人材マッチング等のために必要な経費であって、その内訳は次のとおりである。

（単位　百万円）

先導的人材マッチング事業費	2,800
外食産業事業継続緊急支援対策事業費	1,000
地域金融機関取引事業者支援高度化事業費	972
生活衛生関係営業活性化支援事業費	379
生活衛生関係営業経営支援事業費	201
生活衛生関係営業デジタル化推進・支援体制構築事業費	170
民間資金等活用事業調査費補助金(ＰＰＰ／ＰＦＩ案件化促進)	150
地域金融機関の経営改善支援に関する調査研究費	90
沖縄型産業中核人材育成・活用事業費	62
計	5,824

（ロ）　文化芸術・スポーツ立国の実現

補正第2号追加　　　　24,454(百万円)

　上記の追加額は、文化芸術・スポーツ立国の実現に向けた、文化芸術活動への支援やこどもの文化芸術鑑賞・体験機会の提供、大規模な国際競技大会の円滑な実施の支援等に必要な経費であって、その内訳は次のとおりである。

（単位　百万円）

統括団体による文化芸術需要回復・地域活性化事業費	10,000
地方活性化のための文化財保存・活用支援事業費	4,672
地域活性化のための子供の文化芸術の鑑賞体験等総合パッケージに要する経費	1,800
社会資本整備総合交付金	1,699
国立文化施設の機能強化に要する経費	1,500
地域活性化のための伝統行事等振興事業費	1,500
民族共生象徴空間誘客推進事業費	1,218

大規模国際スポーツ大会開催準備事業費	1,021
放送コンテンツ地域情報発信力強化事業費	789
動画コンテンツ海外展開・地域情報発信推進事業費	256
計	24,454

（ハ）　農林水産業の生産基盤の維持・強化等

補正第2号追加　　　382,515(百万円)

　上記の追加額は、農業産地や畜産・酪農、水産業等の生産基盤の維持・強化の促進等に必要な経費であって、その内訳は次のとおりである。

（単位　百万円）

農業農村整備事業	76,000
森林整備事業	27,500
食料安定供給特別会計の運営基盤の強化に要する経費	47,000
漁業収入安定対策事業費	37,996
畜産・酪農収益力強化総合対策事業費	32,407
産地生産基盤パワーアップ事業費	30,600
畑作物産地形成促進事業費	21,000
国内森林資源活用・木材産業国際競争力強化対策事業費	20,191
水田活用の直接支払交付金	19,000
水産業競争力強化緊急事業費	14,499
野菜価格安定対策事業費	8,090
加工原料乳生産者補給金	6,380
国産乳製品等競争力強化対策事業費	5,332
酪農経営改善緊急支援事業費	5,000
スマート農業技術の開発・実証・実装プロジェクト事業費	4,400
機構集積協力金交付事業費	4,000
鳥獣被害防止総合対策交付金	3,700
みどりの食料システム戦略緊急対策事業費	3,000
持続的畑作生産体系確立緊急支援事業費	2,729
新規就農者確保緊急対策事業費	2,600
担い手確保・経営強化支援事業費	2,300
甘味資源作物産地生産体制強化緊急対策事業費	2,066

農業支援サービス事業インキュベーション緊急対策事業費	1,236
中山間地域等農用地保全総合対策事業費	1,000
加工施設再編等緊急対策事業費	950
乳製品長期保管特別対策事業費	700
農業労働力確保緊急支援事業費	694
水産業スマート化推進事業費	506
中山間地農業推進対策事業費	440
林業従事者等確保緊急支援対策事業費	319
漁業担い手確保緊急支援事業費	250
飼養衛生管理情報通信整備加速化対策費	232
国立研究開発法人森林研究・整備機構施設整備費	200
中山間地域所得確保推進事業費	100
漁協経営基盤強化対策緊急支援事業費	50
水産業労働力確保緊急支援事業費	50
計	382,515

（二） 持続可能性と利便性の高い地域公共交通ネットワークの再構築等

補正第2号追加　　　　　　　82,953(百万円)

上記の追加額は、持続可能性と利便性の高い地域公共交通ネットワークの再構築に向けた地域関係者の取組等を支援するとともに、空港・港湾等の広域交通拠点とのアクセス道路の整備など生産性向上等に資するインフラの戦略的・計画的な整備等に必要な経費であって、その内訳は次のとおりである。

（単位　百万円）

道 路 整 備 事 業	15,001
港 湾 整 備 事 業	6,452
都 市 環 境 整 備 事 業	4,907
国 営 公 園 等 事 業	965
社会資本総合整備事業費	9,038
社会資本整備総合交付金	7,038
防 災 ・ 安 全 交 付 金	2,000
社会資本整備円滑化地籍整備事業費	200
地域公共交通確保維持改善事業費	25,000
生活基盤施設耐震化等対策費	19,352

離 島 活 性 化 交 付 金	523
小笠原諸島振興開発事業費	505
奄 美 群 島 振 興 交 付 金	386
官民連携都市再生推進事業費	200
豪雪地帯安全確保緊急対策交付金	150
半島振興連携促進調査費	123
集約都市形成支援事業費	100
北海道総合開発推進調査費	31
スマートアイランド推進実証調査費	20
計	82,953

（ホ）　地方交付税の増額

補正第2号追加　　　　1,634,820(百万円)

上記の追加額は、今回の補正予算において所得税、法人税及び消費税の追加見込額を計上することに伴う地方交付税交付金の追加額並びに3年度の地方交付税に相当する金額のうち未繰入額を、交付税及び譲与税配付金特別会計へ繰り入れるために必要な経費である。

（ヘ）　そ　　の　　他

補正第2号追加　　　　　　38,002(百万円)

上記の追加額の内訳は、次のとおりである。

（単位　百万円）

一般の住宅取得に係る給付措置（すまい給付金）	35,600
外国人材向け日本語教育事業費	1,870
国土形成計画策定調査費	148
水鳥・湿地センター施設整備費	123
ビッグデータ活用旅客流動分析推進費	100
国際園芸博覧会事業費	81
整備新幹線建設推進高度化事業費（青函共用走行調査）	80
計	38,002

（2）　円安を活かした経済構造の強靱化

補正第2号追加　　　　1,080,862(百万円)

①　海外から我が国が期待される物資の供給力強化と輸出拡大

補正第2号追加　　　　　794,910(百万円)

上記の追加額は、重要な先端技術分野や海外が我が国に供給を期待する重要物資につい

て、国内の生産能力を強化し、安定的に供給する体制の整備を進めるために必要な経費であって、その内訳は次のとおりである。

（単位　百万円）

先端半導体の国内生産拠点の確保に要する経費	450,000
経済環境変化に応じた従来半導体サプライチェーン強靱化支援に要する経費	216,310
経済環境変化に応じた航空機部素材サプライチェーン強靱化支援に要する経費	41,700
経済環境変化に応じた工作機械・産業用ロボットサプライチェーン強靱化支援に要する経費	41,600
経済環境変化に応じた永久磁石サプライチェーン強靱化支援に要する経費	25,300
経済環境変化に応じたクラウドプログラムサプライチェーン強靱化支援に要する経費	20,000
計	794,910

② 企業の国内投資回帰と対内直接投資拡大

補正第2号追加　　　221,418(百万円)

上記の追加額は、サプライチェーンの強靱化を図るため、重要鉱物の安定供給確保等に必要な経費であって、その内訳は次のとおりである。

（単位　百万円）

独立行政法人エネルギー・金属鉱物資源機構出資金	110,000
経済環境変化に応じた重要鉱物サプライチェーン強靱化支援に要する経費	105,800
国際情勢の変化を踏まえた原材料安定供給対策事業費	5,500
金融創業支援ネットワーク強化経費	100
金融国際戦略検討調査費	18
計	221,418

③ 中小企業等の輸出拡大

補正第2号追加　　　20,722(百万円)

上記の追加額は、中小企業等の海外市場開拓の支援等に必要な経費であって、その内訳は次のとおりである。

（単位　百万円）

海外市場開拓・有志国サプライチェーン構築等促進事業費	19,002
特定生活関連サービスインバウンド需要創出促進・基盤強化事業費	1,180
中小企業国際化総合支援事業費	540
計	20,722

④ 農林水産物の輸出拡大

補正第2号追加　　　43,812(百万円)

上記の追加額は、我が国が強みを有する品目について、「農林水産物・食品の輸出拡大実行戦略」に基づき実施する品目団体等による海外販路開拓等や事業者による輸出先国・地域の規制等に対応した加工施設の整備の支援等に必要な経費であって、その内訳は次のとおりである。

（単位　百万円）

マーケットイン輸出ビジネス拡大緊急支援事業費	7,600
食肉等流通構造高度化・輸出拡大事業費	7,003
食品産業の輸出向けHACCP等対応施設整備緊急対策事業費	6,000
農林水産・食品関連スタートアップ等へのリスクマネー緊急対策事業費	5,000
農産物等輸出拡大施設整備事業費	5,000
水産基盤整備事業	4,000
畜産物輸出コンソーシアム推進対策事業費	2,218
グローバル産地づくり緊急対策事業費	1,695
輸出ターゲット国における輸出支援体制の確立緊急対策事業費	1,178
輸出環境整備緊急対策事業費	948
日本産酒類海外展開支援事業費	700
日本産酒類需要開拓・海外販路拡大等事業費	620
国立研究開発法人農業・食品産業技術総合研究機構施設整備費	520
輸出物流構築緊急対策事業費	500
食品産業の国際競争力強化緊急対策事業費	396
国立研究開発法人国際農林水産業研究センター施設整備費	331
独立行政法人酒類総合研究所施設整備費	103
計	43,812

3 「新しい資本主義」の加速

補正第2号追加　　　5,495,612(百万円)

（1）「人への投資」の抜本強化と成長分野への

労働移動：構造的賃上げに向けた一体改革

補正第２号追加　　　　　1,131,256(百万円)

① 人への投資の強化と労働移動の円滑化

補正第２号追加　　　　　1,125,356(百万円)

（イ）　リスキリング・労働移動円滑化等

補正第２号追加　　　　　808,591(百万円)

上記の追加額は、デジタル分野等の新たなスキルの獲得、成長分野への円滑な労働移動等に必要な経費であって、その内訳は次のとおりである。

（単位　百万円）

雇用保険臨時特例法に基づく一般会計から労働保険特別会計への任意繰入	727,553
リスキリングを通じたキャリアアップ支援事業費	75,290
副業・兼業支援補助金	4,299
建設キャリアアップシステム活用推進事業費	550
独立行政法人国際協力機構開発大学院連携等を通じた人材育成支援事業費	525
海外留学生支援制度における日本人学生の留学継続のための経費	374
計	808,591

（ロ）　学校教育段階での人材育成等

補正第２号追加　　　　　315,494(百万円)

上記の追加額は、学校教育段階から社会で活躍し評価される人材育成等に必要な経費であって、その内訳は次のとおりである。

（単位　百万円）

成長分野をけん引する大学・高専の機能強化に向けた継続的な支援を行う基金事業費	300,242
奨学金業務システム開発費	5,762
教員研修高度化推進支援事業費	2,251
地域スポーツ・文化クラブ活動体制整備事業費	1,851
成長分野を中心としたリカレント教育推進事業費	1,741
医学部等における教育環境整備等支援事業費	1,470
介護福祉士修学資金等貸付事業費	1,193
高等教育機関における共同講座創造支援事業費	360
産学官連携を通じたリカレント教育プラットフォーム構築支援事業費	296
共同利用教育コンテンツ整備事業費	251
リカレント教育の社会実践に向けた調査研究・普及啓発事業費	77
計	315,494

（ハ）　そ　の　他

補正第２号追加　　　　　1,270(百万円)

上記の追加額の内訳は、次のとおりである。

（単位　百万円）

独立行政法人海技教育機構運営費交付金	594
独立行政法人航空大学校施設整備費	393
独立行政法人航空大学校運営費交付金	148
独立行政法人海技教育機構施設整備費	120
公益法人制度調査費	15
計	1,270

② 多様な働き方などの推進、人的資本に関する企業統治改革

補正第２号追加　　　　　5,214(百万円)

上記の追加額は、就職氷河期世代を含めた多様な人材の活躍等の支援等に必要な経費であって、その内訳は次のとおりである。

（単位　百万円）

地域就職氷河期世代支援加速化交付金	3,000
幼稚園におけるＩＣＴ環境整備事業費	809
介護職員の待遇改善等事業費	730
トラック運送事業者の労働生産性向上に向けた荷役作業効率化機器等導入等支援事業費	200
医師の働き方改革普及啓発事業費	150
自動車整備業生産性向上促進調査費	150
人的資本に関する国際的開示ルール策定推進事業費	110
人事院施設費	16
国家公務員の職場環境整備に係る調査研究事業費	12
社会と公務の変化に応じた今後の給与制度の整備に向けた調査研究事業費	12
コーポレートガバナンス改革の推進に関する調査研究費	8
健康管理体制調査研究事業費	6
学習管理システム業務委託費	4

諸外国の公務員年金制度
に関する調査経費 4

情報通信機器を用いたこ
ころの健康相談室の実施
に要する経費 4

計 5,214

③ 資産所得の倍増

補正第2号追加 686(百万円)

上記の追加額は、安定的な資産形成を国家戦略として推進するために必要な経費であって、その内訳は次のとおりである。

（単位 百万円）

金融経済教育推進事業費	588
ＮＩＳＡの抜本的拡充や恒久化についての検討経費	80
顧客本位業務運営実態調査費	18
計	686

（２） 成長分野における大胆な投資の促進

補正第2号追加 4,055,230(百万円)

① 科学技術・イノベーション

補正第2号追加 1,292,587(百万円)

（イ） 先端的な重要技術の育成の支援に要する経費

補正第2号追加 250,000(百万円)

上記の追加額は、経済安全保障重要技術育成プログラムを強化し、これを通じて、引き続き先端的な重要技術の育成を支援するために必要な経費である。

（ロ） 国益に直結する科学技術分野への支援

補正第2号追加 711,922(百万円)

上記の追加額は、量子、ＡＩ等の開発拠点の整備や先端分野に関する国際共同研究の強化、バイオものづくり、創薬基盤整備、宇宙開発等に必要な経費であって、その内訳は次のとおりである。

（単位 百万円）

バイオものづくり革命推進事業費	300,034
ワクチン生産体制強化のためのバイオ医薬品製造拠点等整備事業費	100,032
先端国際共同研究推進等事業費	56,650
量子・ＡＩ・バイオ融合技術ビジネス開発グローバル拠点の創設等事業費	46,953
基幹ロケット・人工衛星の研究開発等経費	40,084
国際宇宙探査「アルテミス計画」に向けた研究開発に要する経費	23,786
国家的・社会的に重要な超先端重要技術研究推進基盤整備費	21,786
危機管理強化に資する情報収集衛星の開発等経費	17,520
国立研究開発法人日本原子力研究開発機構の研究施設の高度化に要する経費	13,451
持続的研究活動推進事業費	11,927
宇宙開発利用推進費	10,750
準天頂衛星システムの開発等経費	8,248
革新的医療技術研究開発推進事業費	8,000
深海鉱物資源(レアアース泥)の確保に向けた革新的技術の実証に要する経費	6,077
地震・津波観測網等の機能強化に要する経費	5,812
核融合発電の実現に向けた基幹技術の研究開発に要する経費	5,255
再生・細胞医療・遺伝子治療の社会実装に向けた環境整備事業費	5,048
全ゲノム解析等実行計画等推進事業費	4,893
再生・細胞医療・遺伝子治療等ライフサイエンス先端研究基盤整備	3,174
国立研究開発法人理化学研究所施設整備費	3,051
官民地域パートナーシップによる次世代放射光施設の推進に要する経費	2,738
電波伝搬の模擬的システム技術高度化事業費	2,500
国立研究開発法人海洋研究開発機構施設整備費	2,495
国立研究開発法人物質・材料研究機構施設整備費	2,030
量子暗号通信技術研究開発事業費	1,950
国立研究開発法人量子科学技術研究開発機構施設整備費	1,711
省エネ・高性能化の実現に向けた半導体集積回路の研究開発体制の強化に要する経費	1,121
安全なデータ連携による最適化ＡＩ技術研究開発事業費	1,000
国立研究開発法人科学技術振興機構施設整備費	664
国立研究開発法人国立環境研究所施設整備費	650
地球深部探査船「ちきゅう」の改修費	568

北極域研究船の建造に要する経費	393
国立研究開発法人日本原子力研究開発機構施設整備費	393
大深度ＡＵＶの開発に要する経費	356
ＡＩを活用したがん・難病に係る創薬推進基盤整備経費	271
特定先端大型研究施設運営費等補助金	251
データ統合・解析システムのサーバ更新に要する経費	209
遺伝子治療実用化基盤整備促進事業費	90
計	711,922

（ハ）　大学の強化、若手研究者の育成に向けた支援強化

補正第2号追加　　　　　300,459(百万円)

　　上記の追加額は、地域の中核・特色ある研究大学の強化、若手研究者の育成に向けた支援強化等に必要な経費であって、その内訳は次のとおりである。

（単位　百万円）

地域中核・特色ある研究大学強化促進事業費	200,036
創発的研究支援事業費	55,344
国立大学等における教育研究基盤設備の整備等に要する経費	15,793
科学研究費助成事業費	15,604
国立大学法人施設整備費	8,091
沖縄科学技術大学院大学におけるスタートアップの取組支援に要する経費	2,273
沖縄健康医療拠点整備費	2,000
私立学校施設整備費補助金	695
私立大学等研究設備整備費等補助金	623
計	300,459

（ニ）　そ　の　他

補正第2号追加　　　　　30,207(百万円)

　　上記の追加額の内訳は、次のとおりである。

（単位　百万円）

2025年日本国際博覧会事業費	14,358
独立行政法人国立高等専門学校機構船舶建造費	3,926
独立行政法人国立高等専門学校機構設備整備費	3,033
多言語翻訳技術高度化事業費	2,770
国際標準化戦略上重要な標準化活動の加速化支援経費	1,500
探求・ＳＴＥＡＭ教育機能強化事業費	804
医療ＡＩプラットフォーム構築事業費	700
電波の安全性に関する調査等に要する経費	550
がんゲノム情報管理センター事業に係るシステム改修経費	544
紫外線照射技術開発等事業費	500
法執行支援業務等の継続性確保に係る体制強化事業費	417
難病ゲノム等情報利活用検証事業費	331
2025年日本国際博覧会の機運醸成に向けた取組の強化に要する経費	214
国際標準化戦略策定調査費	210
日　本　学　士　院　施　設　費	208
重要科学技術領域調査分析事業費	125
内閣府本府共通ウェブシステム改修等経費	18
計	30,207

②　スタートアップの起業加速

補正第2号追加　　　　　768,225(百万円)

（イ）　スタートアップ創出に向けた人材・ネットワークの構築

補正第2号追加　　　　　129,622(百万円)

　　上記の追加額は、スタートアップ立ち上げ期に重要となる人材・ネットワーク面での支援を行うために必要な経費であって、その内訳は次のとおりである。

（単位　百万円）

大学発スタートアップ・エコシステム形成推進事業費	99,775
海外における起業家等育成プログラムの実施・拠点の創設事業費	7,649
高等専門学校スタートアップ教育環境整備事業費	6,014
地域の中核大学等のインキュベーション・産学融合拠点の整備事業費	6,004
グローバル・スタートアップ・アクセラレーションプログラムの実施・強化に要する経費	2,401
独立行政法人中小企業基盤整備機構のインキュベーション施設の機能強化事業費	2,220

探究的な学び関連サービス等利活用促進事業費	1,882
未踏的な地方の若手人材発掘支援事業費	1,200
若手研究者によるスタートアップ課題解決支援事業費	1,003
日系スタートアップ企業の海外展開支援事業費	950
アグリ・スタートアップ創出強化対策費	500
休眠預金等活用制度調査費	25
計	129,622

（ロ） スタートアップの事業成長のための資金供給の強化と事業展開・出口戦略の多様化やオープンイノベーションの推進

補正第2号追加　　　　　638,602(百万円)

上記の追加額は、事業成長のための資金供給の強化、事業展開・出口戦略の多角化等を推進するために必要な経費であって、その内訳は次のとおりである。

（単位　百万円）

創薬ベンチャーエコシステム強化事業費	299,999
中小企業技術革新（SBIR）制度の推進に要する経費	206,025
ディープテック・スタートアップ支援事業費	100,041
グローバルスタートアップ成長投資事業費	20,000
株式会社日本政策金融公庫出資金（財務省分）	9,800
経営安定関連保証等対策費補助金	2,400
建設分野研究開発型スタートアップ支援事業費	120
株式会社日本政策金融公庫出資金（厚生労働省分）	112
交通運輸分野技術研究開発加速化事業費	100
スタートアップ・非上場企業への成長資金供給促進事業費	5
計	638,602

③　GX（グリーン・トランスフォーメーション）

補正第2号追加　　　　1,161,822(百万円)

（イ） 脱炭素化及び産業成長を同時に促す投資の促進

補正第2号追加　　　　1,103,446(百万円)

上記の追加額は、脱炭素化による経済社会構造の抜本的な変革を早期に実現し、国際競争力を強化していくために必要な経費であって、その内訳は次のとおりである。

（単位　百万円）

グリーン社会に不可欠な蓄電池の製造サプライチェーン強靱化支援に要する経費	331,600
グリーンイノベーション基金事業費	300,000
電力性能向上によりGXを実現する半導体サプライチェーン強靱化支援に要する経費	152,300
住宅の断熱性向上先進的設備導入促進事業費	99,962
ポスト5G情報通信システム基盤強化研究開発事業費	75,009
クリーンエネルギー自動車導入促進補助金	69,999
革新的脱炭素化技術開発推進事業費	49,580
省エネルギー・需要構造転換支援事業費	24,995
計	1,103,446

（ロ） 技術の着実な普及、国際協力等

補正第2号追加　　　　　58,376(百万円)

上記の追加額は、クリーンエネルギー自動車の普及促進に向けたインフラ導入促進や無償資金協力等を通じた気候変動対応支援、脱炭素化の推進に向けたインフラ整備等に必要な経費であって、その内訳は次のとおりである。

（単位　百万円）

治　水　事　業	40
港　湾　整　備　事　業	4,011
市　街　地　整　備　事　業	20
公園水道廃棄物処理等施設整備費	2,256
下　水　道　事　業	2,021
国　営　公　園　等　事　業	235
クリーンエネルギー自動車の普及促進に向けた充電・充てんインフラ等導入促進補助金	20,000
無償資金協力等を通じた気候変動対応支援事業費	15,445
国際金融機関を通じた気候変動対応支援等のための拠出金	10,292
二国間クレジット制度（JCM）資金支援事業費	2,900
温室効果ガス観測技術衛星等による排出量検証技術高度化事業費	2,017

再生可能エネルギー関連施設整備やモーダルシフト等による流通業務低炭素化推進費	1,255
カーボンニュートラルポート形成新技術活用高度化実証事業費	67
内航カーボンニュートラル実現に向けた環境整備事業費	40
海外金融機関動向等調査費	15
人　事　院　施　設　費	14
脱炭素化に資する航空機の運航基準高度化に向けた調査費	5
計	58,376

④　ＤＸ(デジタル・トランスフォーメーション)

補正第2号追加　　　　832,595(百万円)

(イ)　先端半導体の供給力強化や次世代半導体製造技術の技術開発及び最先端技術への戦略的投資の推進

補正第2号追加　　　　476,200(百万円)

　　上記の追加額は、先端半導体や次世代の通信インフラであるいわゆる6G(Ｂｅｙｏｎｄ5G)の開発を加速するために必要な経費であって、その内訳は次のとおりである。

(単位　百万円)

ポスト5G情報通信システム基盤強化研究開発事業費	410,000
Ｂｅｙｏｎｄ5G研究開発促進事業費	66,200
計	476,200

(ロ)　マイナンバーカードの普及促進強化及び利便性の向上等

補正第2号追加　　　　68,989(百万円)

　　上記の追加額は、マイナンバーカードの普及の促進とともに、利便性向上等のために必要な経費であって、その内訳は次のとおりである。

(単位　百万円)

マイナンバーカードと健康保険証等の一体化に伴うシステム改修等経費	34,772
マイナンバーカードの海外継続利用の実現に向けたシステム改修等経費	13,254
マイナンバーカード普及促進に係る対応策強化及び利便性向上に要する経費	8,254

マイナポータルのデジタル基盤の改修等事業費	7,589
マイナンバーカードと運転免許証の一体化に向けたシステム改修経費	1,804
準公共分野におけるマイナンバーカード利活用推進事業費	1,151
マイナンバーカードの利用シーン拡大事業費	885
マイキープラットフォーム改修経費	597
マイナンバーカードの取得促進等に係る広報経費	584
マイナンバーカードを活用した救急医療情報の連携に関する調査検討経費	100
計	68,989

(ハ)　医療・介護や教育分野のＤＸの推進

補正第2号追加　　　　66,262(百万円)

　　上記の追加額は、医療・介護や教育分野のＤＸの推進のために必要な経費であって、その内訳は次のとおりである。

(単位　百万円)

ＧＩＧＡスクール運営支援センター整備事業費	7,099
国保総合システム改修経費	5,795
障害者自立支援給付審査支払等システム改修経費	4,486
第4期医療費適正化計画の見直しに伴うシステム改修経費	4,204
介護保険制度の運用等に必要なシステム整備事業費	3,907
電子処方箋運用環境整備事業費	3,431
国保保険者標準事務処理システム改修経費	2,716
後期高齢者医療広域連合電算処理システム改修経費	2,481
全国医療情報プラットフォーム開発事業費	2,320
保健医療福祉分野の公開鍵基盤(ＨＰＫＩ)普及事業費	2,161
訪問看護レセプト電算処理システム構築事業費	2,078
流行初期医療確保措置に係るシステム改修経費	2,066
社会福祉施設職員等退職手当共済システム整備事業費	2,001
放課後児童クラブ等におけるＩＣＴ化推進事業費	1,573
40歳未満の事業主健診情報の活用に向けたシステム改修等経費	1,274
保育所等におけるＩＣＴ化推進事業費	1,227

項目	金額
国保データベースシステム改修経費	1,194
全国医療・薬局機能情報提供システム構築等経費	1,144
予防接種事務デジタル化等事業費	1,081
次世代校務デジタル化推進実証事業費	1,053
教育DXを支える基盤的ツール整備事業費	917
診療報酬改定DXのための基盤整備経費	885
学校ICT活用推進事業費	851
データヘルス分析関連サービス構築事業費	770
科学的介護情報システム整備等事業費	560
難病対策の推進のための患者データ登録整備事業費	548
医療機関等情報支援システム改修経費	538
マイナンバー制度を活用した看護職の人材活用システム化事業費	520
難病指定医が勤務する医療機関の臨床調査個人票電子化等推進事業費	515
AIを活用した緊急性の判断に資するツールの開発促進経費	486
母子保健情報デジタル化実証事業費	482
国家資格等情報連携・活用システムとの連携に向けたシステム改修等経費	481
デジタル教科書・教材等通信環境調査研究事業費	472
児童相談所等におけるICT化推進事業費	422
公金受取口座対応に係るシステム改修経費	420
障害福祉分野のICT導入モデル事業費	342
障害福祉分野のロボット等導入支援事業費	335
オンライン申請を見据えた介護サービス情報公表システムの改修事業費	311
地域医療提供体制データ分析チーム構築支援事業費	302
移植対象者検索システム改修経費	265
障害福祉関係データベース構築事業費	254
外来医療、在宅医療、リハビリテーション医療の影響評価に係る調査経費	249
システム標準的仕様書作成等事業費	220
医薬品医療機器申請・審査システム改修経費	207
大容量解析システム改修経費	206

項目	金額
社会福祉法人財務諸表等電子開示システム改修事業費	197
小児慢性特定疾病指定医が勤務する医療機関の医療意見書電子化等推進事業費	178
新G-Netへの移行に伴う医療保険者等中間サーバー改修経費	125
レセプト・健診情報等を活用したデータヘルスの推進事業費	120
臨床研究データベースシステム改修等経費	110
自治体システム標準化事業費	105
教育分野におけるパーソナルデータ利活用に関する調査経費	100
国立障害者リハビリテーションセンターシステム改修経費	77
保育士特定登録取消者管理システム（仮称）構築経費	76
EMIS代替システム調査研究事業費	55
再生医療等提供情報管理システム改修経費	49
薬剤耐性菌発生動向調査システム改修経費	49
歯科医師臨床研修プログラム検索サイト改修経費	42
後発医薬品使用割合の見える化事業費	36
特定健診保健指導データベース等改修経費	35
患者副作用報告システム改修経費	24
精神保健指定医資格審査システム改修経費	19
一体的実施・KDB活用支援ツールの開発事業費	14
計	66,262

（ニ）　デジタル田園都市国家構想の具体化

補正第2号追加　　　　107,252（百万円）

上記の追加額は、デジタル田園都市国家構想の推進に向け、「デジタル田園都市国家構想交付金」の創設、光ファイバや5G基地局等のインフラ整備等に必要な経費であって、その内訳は次のとおりである。

（単位　百万円）

項目	金額
道路整備事業	3,000
港湾整備事業	861
住宅都市環境整備事業費	10,100
住宅対策	8,000
市街地整備事業	2,100
デジタル田園都市国家構想交付金	80,000

デジタル活用支援推進事業費	4,000	法務行政におけるデジタル化推進費	9,527
高度無線環境整備推進事業費	2,842	国立国会図書館所蔵の国内刊行図書のデジタル化経費	5,368
地域デジタル基盤活用推進事業費	2,000	国土交通行政業務効率化・デジタル化推進事業費	4,682
携帯電話等エリア整備事業費	1,001	警察における情報システム整備に要する経費	4,142
スーパーシティ構想等推進事業費	720	ガバメントクラウドへの移行加速支援等事業費	3,873
不動産関連情報活用促進調査費	458	税務行政のＤＸ推進費	3,591
デジタル田園都市国家構想の実現加速化に向けた生活用データ連携基盤等整備費	306	外務省におけるＤＸ推進費	3,364
デジタル実装計画策定支援事業費	300	予算編成事務のＤＸ推進費	2,803
歩行空間における自律移動支援の普及・高度化に向けたＤＸの推進費	266	生活保護業務関係システム改修経費	2,528
スマートシティ海外展開推進事業費	250	行政サービスアーキテクチャの設計・実装経費	2,527
情報信託機能活用促進事業費	214	農地関連業務のデジタル化緊急対策費	2,414
テレワークによる地域課題解決実証事業費	205	ＤＸ環境整備による円滑な公共事業執行推進事業費	2,219
物流ＤＸに向けたパレット循環システム構築等推進調査費	200	デジタル連携基盤構築事業費	1,747
デジタル推進委員等環境整備事業費	134	準公共分野デジタル化推進費	1,544
スマートシティ実装化支援事業費	120	領事サービスのデジタル化推進費	1,264
関係人口創出・拡大のための対流促進事業費	100	裁判手続のデジタル化等のための経費	1,169
デジタル田園都市国家構想交付金効果検証調査事業費	60	補助金申請システム等の機能改修及び内製化に要する経費	1,144
人流データ活用促進調査費	40	統計改革推進事業費	1,046
総合戦略に基づく重点施策広報事業費	30	共通情報検索システムの機能改修等経費	800
海の次世代モビリティ社会実装調査費	30	総務省行政デジタル化推進事業費	750
地方におけるデジタル技術を活用した取組の普及促進事業費	16	ｅ－Ｇｏｖ及び審査支援サービスの機能拡張経費	715
計	107,252	農林水産行政のデジタル化推進費	712

（ホ）　行政・司法・準公共分野のデジタル化の推進

補正第２号追加　　　　　　81,327(百万円)

　　上記の追加額は、各種行政・司法手続のオンライン化や準公共分野のデータの利活用等を推進するために必要な経費であって、その内訳は次のとおりである。

（単位　百万円）

		人事・給与関係業務情報システムの改修等経費	673
		産業用データ連携基盤の整備費	646
		厚生労働行政におけるデジタル化推進費	640
		農林水産省行政手続オンライン利用拡大緊急対策費	639
		職員認証サービス(ＧＩＭＡ)の更改事業費	624
		ベース・レジストリシステムの本格運用に向けた機能拡張事業費	610
各府省ＬＡＮ統合に向けたガバメントソリューションサービスの整備加速化事業費	14,920	デジタル庁の組織ＤＸを加速・横展開するための環境整備費	501
		国土地理院におけるＤＸ推進費	377

政府共通ウェブサイト機能等の拡充事業費	367
政府認証基盤の新官職認証局構築事業費	296
行政事業レビューシートシステム整備経費	270
政府共通ネットワークの安定稼働継続のための機器整備等事業費	239
生活保護業務デジタル化推進・調査研究事業費	221
旅費等内部管理業務共通システムの整備経費	205
公益認定等総合情報システム整備経費	185
調達ポータルの機能改修事業費	169
地域生活定着支援センターICT化推進事業費	158
統計分野デジタル化調査費	144
金融庁ネットワーク移行に伴う影響調査費	128
国家公務員身分証共通発行管理システムのクラウド移行事業費	119
行政手続電子化推進事業費	118
自動車運送事業の各種申請手続のオンライン化に伴う申請手続の最適化・効率化のための調査費	100
字幕番組制作促進事業費	94
公金受取口座登録システムの運用改善事業費	93
登記事項証明書の添付省略の推進に係る調査経費	88
大気汚染物質広域監視システム改修事業費	84
金融庁電子申請・届出システムに係るマイナンバーカード認証対応経費	79
火災予防分野等における手続のオンライン化推進事業費	78
地方公共団体情報システム標準化・共通化支援事業費	75
勤務時間管理システム導入支援等経費	68
防災・減災対策高度化・効率化推進調査費	64
制度ベース・レジストリシステム整備事業費	57
デジタル広告の不当表示に対応するための執行体制強化関連事業費	50
会計検査院ネットワークLAN配線敷設工事費	45
統括・監理支援システム整備事業費	36
行政手続のキャッシュレス化対応推進経費	30
独立行政法人の情報システム整備等状況調査経費	26

リスク評価書等のオープンデータ化に向けた経費	23
建設機械施工管理技術検定試験実施体制効率化検討経費	20
電子契約システムの機能改良事業費	19
食品安全委員会提供情報におけるアクセス状況解析に要する経費	10
食品安全総合情報システムのCMS更改に関する調査経費	7
デジタル技術等を活用した立入検査に要する経費	3
計	81,327

（ヘ）　そ　の　他

補正第2号追加　　　　　　32,564(百万円)

上記の追加額の内訳は、次のとおりである。

（単位　百万円）

ETC2.0の利用促進に資する高速道路料金割引	7,759
船舶関連機器サプライチェーン強靱化事業費補助金	6,306
テクノロジーマップ整備事業費	4,507
高年齢者就業機会確保事業費	4,228
NISCにおけるサイバーセキュリティ対策強化経費	2,612
国民のデジタルリテラシー向上事業費	1,274
ICTインフラ海外展開支援事業費	1,000
データ信頼性確保環境構築事業費	757
中南米諸国における日系医療団体等支援事業費	640
V−RESASによる情報支援事業費	589
放送同時配信等における視聴履歴等取扱適正化に関する調査経費	470
造船業事業基盤強化事業費	353
広帯域無線LAN導入に関する調査検討に要する経費	300
衛星放送帯域再編事業費	270
法執行強化による中小事業者等取引適正化推進費	258
デジタル・シティズンシップ推進事業費	250
こども家庭庁ホームページ構築経費	198
インボイス制度の円滑な開始に向けた周知・広報の推進費	188

モニタリング計表の修正に伴う環境整備事業費	178
援護システム改修経費	108
リアルタイムデータを活用した経済動向分析事業費	100
安全・安心な個人情報管理の下でDX投資を促進するための広報関係経費	60
高周波数帯用測定器整備費	60
経済財政モデル整備事業費	40
セキュリティ対応態勢の高度化事業費	37
Ｗｅｂ3.0やメタバース等を支えるデジタル・分散型金融分野における責任あるイノベーションの推進に向けた調査事業費	15
システム監査の実施に向けた課題検討経費	8
計	32,564

（３） 包摂社会の実現

補正第２号追加　　　　　309,126（百万円）

① 少子化対策、こども・子育て世代への支援

補正第２号追加　　　　　302,957（百万円）

（イ） 妊婦・こども・子育て世帯等への支援

補正第２号追加　　　　　250,996（百万円）

上記の追加額は、妊娠時から出産・子育てまで一貫した伴走型相談支援と経済的支援を一体として実施する事業等に必要な経費であって、その内訳は次のとおりである。

（単位　百万円）

出産・子育て応援交付金	126,685
子どものための教育・保育給付等年金特別会計へ繰入	100,684
地域少子化対策重点推進交付金	9,000
不妊に悩む方への特定治療支援事業費	8,676
保育士修学資金貸付等事業費	4,176
児童保護費負担金	1,415
私立大学等経常費補助金（私立大学等授業料等減免支援）	316
ライフプランニング支援情報収集事業費	29
結婚支援ボランティア等育成モデルプログラム改良事業費	15

計	250,996

（ロ） 保育所・幼稚園等の整備に必要な経費

補正第２号追加　　　　　45,383（百万円）

上記の追加額は、「新子育て安心プラン」の実現に向けた保育所や幼稚園等の整備等に必要な経費であって、その内訳は次のとおりである。

（単位　百万円）

保育所等整備交付金	31,863
認定こども園施設整備交付金	7,830
保育対策事業費補助金	2,990
私立学校施設整備費補助金	1,248
放課後児童クラブ整備促進事業費	1,099
産後ケアの環境整備費	319
公立文教施設整備費	33
計	45,383

（ハ） ひとり親家庭等や要支援世帯のこども等への支援

補正第２号追加　　　　　6,578（百万円）

上記の追加額は、困窮するひとり親家庭等や要支援世帯のこども等を対象としたこども食堂など、こどもの居場所や食への支援等を行うために必要な経費であって、その内訳は次のとおりである。

（単位　百万円）

ひとり親家庭等の子どもの食事等支援事業費	2,450
子供の未来応援地域ネットワーク形成支援事業費	2,047
潜在的に支援が必要なこどもをアウトリーチ支援につなげるための情報・データ連携実証事業費	1,198
ひとり親家庭高等職業訓練促進資金貸付事業費	365
ひとり親家庭等に対するワンストップ相談体制強化事業費	180
ＮＰＯ等と連携したこどもの居場所づくり支援モデル事業費	151
放課後児童クラブ等連携促進実証モデル事業費	101
こども・若者意見反映推進調査研究費	47
児童養護施設退所者等に対する自立支援資金貸付事業費	40
計	6,578

② 女　性　活　躍

補正第 2 号追加　　　　　　1,594(百万円)

　上記の追加額は、女性デジタル人材・女性起業家の育成等、女性の活躍推進に向けた取組の支援等に必要な経費であって、その内訳は次のとおりである。

（単位　百万円）

地域女性活躍推進交付金	675
性犯罪・性暴力被害者等への相談・支援体制の強化に要する経費	423
ＤＶ相談プラス事業費	406
ヒトパピローマウイルスワクチン相談支援体制・医療体制強化事業費	91
計	1,594

③　孤独・孤立、就職氷河期世代など困難に直面する方々への支援

補正第 2 号追加　　　　　　4,575(百万円)

　上記の追加額は、孤独・孤立に陥る危険性の高い生活困窮者等の困難に直面する方々への相談支援等に必要な経費であって、その内訳は次のとおりである。

（単位　百万円）

障害者支援施設等整備事業費	1,424
自殺防止対策強化事業費	1,000
生活困窮者等支援民間団体活動助成事業費	518
地域における孤独・孤立対策実証調査費	345
アイヌ政策推進交付金	340
孤独・孤立相談ダイヤル等の本格実施に向けた環境整備費	328
居住支援協議会等活動支援事業費	223
居住生活支援加速化事業費	104
広域連携ＳＤＧｓモデル事業補助金	100
孤独・孤立対策普及啓発事業費	98
孤独・孤立問題等行政相談に関する広報等事業費	55
就労支援地域連携モデル事業費	40
計	4,575

4　防災・減災、国土強靱化の推進、外交・安全保障環境の変化への対応など、国民の安全・安心の確保

補正第 2 号追加　　　　　　7,547,179(百万円)

（1）　ウィズコロナ下での感染症対応の強化

補正第 2 号追加　　　　　　4,288,741(百万円)

①　保健医療体制の強化・重点化と雇用・暮らしを守る支援

補正第 2 号追加　　　　　　2,851,290(百万円)

（イ）　保健医療体制の強化・重点化

補正第 2 号追加　　　　　　2,348,281(百万円)

　上記の追加額は、ウィズコロナ下での感染症対応の強化として都道府県による病床・医療人材確保、ＰＣＲ検査体制の整備等を行うために必要な経費であって、その内訳は次のとおりである。

（単位　百万円）

新型コロナウイルス感染症緊急包括支援交付金（医療分）	1,518,859
新型コロナウイルス感染症の検査体制整備費	309,534
新型コロナウイルス感染症対応検査促進交付金	300,000
新型コロナウイルス感染症抗原定性検査キットの確保のための経費	86,254
新型コロナウイルス感染症の医療費の公費負担のための経費	82,938
医療用物資の備蓄等事業費	45,410
新型コロナウイルス感染症対策情報提供事業費	2,038
新型コロナウイルス感染症変異株調査事業費	1,283
新型コロナウイルス感染症の疫学調査事業費	814
新型コロナウイルス感染症に係る電話相談窓口設置経費	636
新型コロナウイルス感染症の感染地域への専門家派遣事業費	254
薬局における薬剤交付支援事業費	128
ＰＣＲ検査等外部精度管理調査経費	82
新興感染症等に係る看護職員等研修事業費	30
ヘルスケア関連商品の性能・効果検証事業費	21
計	2,348,281

（ロ）　雇用・暮らしを守る支援

補正第 2 号追加　　　　　　52,949(百万円)

　上記の追加額は、雇用調整助成金の特例措置等により雇用を守るとともに、生活困窮者の支援等を行うために必要な経費であって、その内訳は次のとおりである。

（単位　百万円）

雇用調整助成金の特例措置等	42,401
新型コロナウイルス感染症セーフティネット強化交付金	4,896
小学校休業等対応助成金・支援金	4,651
新型コロナウイルス感染症保険者機能強化支援事業費	1,000
計	52,949

（ハ）　そ　の　他

補正第2号追加　　　　　　450,060（百万円）

上記の追加額の内訳は、次のとおりである。

（単位　百万円）

新型コロナウイルス感染症対応地方創生臨時交付金	450,000
新型コロナウイルス感染症対応地方創生臨時交付金効果促進事業費	60
計	450,060

②　ワクチン等による感染拡大防止と次の感染症危機への備え

補正第2号追加　　　　　1,437,451（百万円）

（イ）　感　染　拡　大　防　止

補正第2号追加　　　　　1,281,785（百万円）

（ⅰ）　ワクチン接種体制の整備等

補正第2号追加　　　　　1,239,474（百万円）

上記の追加額は、オミクロン株対応ワクチンの接種体制の整備等を行うために必要な経費であって、その内訳は次のとおりである。

（単位　百万円）

新型コロナウイルスワクチンの接種体制の整備・接種の実施に要する経費	732,237
新型コロナウイルスワクチンの確保のための経費	475,000
新型コロナウイルス感染者等情報把握・管理支援システム改修等経費	11,835
新型コロナウイルスワクチン接種資器材等確保事業費	7,659
ワクチン接種円滑化システム改修等経費	4,663
新型コロナウイルス予防接種健康被害給付費負担金	3,681
ワクチン接種記録システム改修等経費	2,848

海外在留邦人新型コロナウイルスワクチン接種等事業費	748
新型コロナウイルスワクチンコールセンター設置経費	518
新型コロナウイルス予防接種健康被害救済制度審査支援経費	194
新型コロナウイルスワクチン接種についての周知広報経費	57
新型コロナウイルスワクチン接種後健康状況調査等事業費	34
計	1,239,474

（ⅱ）　学校等の感染拡大防止等

補正第2号追加　　　　　42,311（百万円）

上記の追加額は、学校等の感染拡大防止の取組を進めるとともに、感染拡大防止等の情報発信等を行うために必要な経費であって、その内訳は次のとおりである。

（単位　百万円）

小学校等における感染症対策等支援経費	24,198
保育所等における感染拡大防止対策支援費	5,590
新型コロナウイルス感染症に係る障害福祉サービス事業所等に対するサービス継続支援事業費	3,611
放課後児童クラブ等における感染拡大防止対策支援費	2,606
新型コロナウイルス感染症対策に資する主要技術に係る調査研究費	2,404
新型コロナウイルス感染症の影響を踏まえた妊婦・乳幼児への総合的支援経費	1,240
幼稚園における感染症対策等支援経費	1,063
児童養護施設等における感染拡大防止対策支援費	763
新型コロナウイルス感染症対策普及啓発事業費	540
大学入学共通テストにおける感染拡大防止対策費	225
在外教育施設における感染症対策支援事業費	40
ひとり親家庭に対する子どもの生活・学習支援事業における感染拡大防止対策支援費	15
産後ケア事業における感染拡大防止対策支援費	14
計	42,311

（ロ）　次の感染症危機への備え

補正第2号追加　　　　　155,666（百万円）

（ⅰ）　医薬品・医療機器の国内安定供給
　　　の確保

補正第2号追加　　　　　　　55,732（百万円）

　　　上記の追加額は、医薬品・医療機器の
　　国内安定供給の確保に必要な経費であっ
　　て、その内訳は次のとおりである。

（単位　百万円）

抗菌薬原薬国産化事業費	55,297
サプライチェーン実態把握による医療機器安定供給確保事業費	435
計	55,732

（ⅱ）　有効な治療薬等に関する研究開発
　　　への支援等

補正第2号追加　　　　　　　15,198（百万円）

　　　上記の追加額は、有効な治療薬等に関
　　する研究開発を支援するとともに、公衆
　　衛生対策に係る研究等の強化に必要な経
　　費であって、その内訳は次のとおりであ
　　る。

（単位　百万円）

ウィズコロナを含む感染症危機管理のための有効な治療薬等に関する研究開発事業費	5,750
感染症対策のための基盤整備事業費	2,960
感染症危機管理医薬品等備蓄事業費	2,182
ウィズコロナの新たな段階への移行に向けた研究等事業費	2,035
ウィズコロナ・ポストコロナ等を踏まえた国民の社会経済活動を支えるための対応等研究事業費	1,189
国立感染症研究所の機能・体制強化事業費	915
国内外の感染症治療薬開発動向等調査経費	84
国産新型コロナウイルスワクチン等品質確保事業費	84
計	15,198

（ⅲ）　国際協力の推進

補正第2号追加　　　　　　　79,796（百万円）

　　　上記の追加額は、途上国におけるワク
　　チンの普及など、国際協力の推進に必要
　　な経費であって、その内訳は次のとおり
　　である。

（単位　百万円）

ＣＯＶＡＸファシリティのためのＧａｖｉワクチンアライアンス拠出金	32,400
世界エイズ・結核・マラリア対策基金拠出金	28,673
感染症流行対策イノベーション連合拠出金	11,124
感染症対策に係る医薬品研究開発等支援事業拠出金	3,960
世界銀行を通じた新型コロナウイルス感染症拡大防止等のための拠出金	3,640
計	79,796

（ⅳ）　そ　　の　　他

補正第2号追加　　　　　　　4,940（百万円）

　　　上記の追加額の内訳は、次のとおりで
　　ある。

（単位　百万円）

プレパンデミックワクチン備蓄経費	3,960
感染症サーベイランスシステム改修経費	598
公費負担医療に係るシステム改修経費	293
体外診断用医薬品性能評価促進等事業費	54
救急隊が使用する感染防護具等の確保支援経費	27
物品用消毒薬の医薬部外品化に係る安全性評価事業費	8
計	4,940

（2）　防災・減災、国土強靱化の推進

補正第2号追加　　　　　1,737,112（百万円）

①　激甚化する風水害や切迫する大規模地震
　　等への対策

補正第2号追加　　　　　1,270,821（百万円）

（イ）　人命・財産の被害を防止・最小化す
　　　るための対策

補正第2号追加　　　　　　880,111（百万円）

　　　上記の追加額は、気候変動を見据えた府
　　省庁・官民連携による「流域治水」の推進や
　　防災拠点・避難施設等の耐災害性の強化等
　　に必要な経費であって、その内訳は次のと
　　おりである。

（単位　百万円）

治山治水対策事業費	265,289
治　水　事　業	223,206
治　山　事　業	25,600
海　岸　事　業	16,483
港　湾　整　備　事　業	6,495

都 市 環 境 整 備 事 業	6,975
公園水道廃棄物処理等施設整備費	9,022
下　水　道　事　業	3,057
国 営 公 園 等 事 業	1,965
自 然 公 園 等 事 業	4,000
農林水産基盤整備事業費	94,346
農 業 農 村 整 備 事 業	54,946
森 林 整 備 事 業	16,400
水 産 基 盤 整 備 事 業	23,000
防 災 ・ 安 全 交 付 金	282,993
公 立 文 教 施 設 整 備 費	120,347
法 務 省 施 設 費	15,391
災害警備活動に必要な装備資機材の整備に要する経費	15,228
自衛隊のインフラ基盤の強化等に要する経費	14,321
障害者支援施設等耐震化等整備事業費	8,801
私立学校施設整備費補助金	8,139
介護施設等耐震化等整備事業費	5,632
児童福祉施設等の防災・減災に関する緊急対策費	5,289
緊急消防援助隊・消防団の災害対応力強化事業費	5,128
官 庁 営 繕 費	3,404
矯正施設の保安警備体制の強化等に要する経費	2,746
地 籍 調 査 経 費	2,500
放射線監視体制の機能維持に要する経費	2,406
指定管理鳥獣捕獲等事業費	2,300
警察情報通信基盤の整備に要する経費	1,437
認定こども園施設整備交付金	767
交通安全施設整備費補助金	660
医療施設ブロック塀改修等施設整備事業費	188
消防指令システム高度化及び災害時情報伝達体制強化等事業費	145
国 土 地 理 院 施 設 費	131
グリーンインフラ創出促進事業費	30
計	880,111

(注)　防災・安全交付金の計数中には、
　　　4　防災・減災、国土強靱化の推進、
　　　外交・安全保障環境の変化への対応な
　　　ど、国民の安全・安心の確保(2)防
　　　災・減災、国土強靱化の推進②予防保
　　　全型インフラメンテナンスへの転換に
　　　向けた老朽化対策及び③国土強靱化に
　　　関する施策を効率的に進めるためのデ
　　　ジタル化等の推進として配分されうる

ものが含まれている。
（ロ）　交通ネットワーク・ライフラインを
　　　維持し、国民経済・生活を支えるため
　　　の対策
補正第2号追加　　　　　　　　390,710(百万円)
　　上記の追加額は、高規格道路のミッシン
　グリンク解消及び直轄国道とのダブルネッ
　トワーク強化、廃棄物処理施設等の耐災害
　性の強化等に必要な経費であって、その内
　訳は次のとおりである。

（単位　百万円）

道 路 整 備 事 業	200,915
港湾空港鉄道等整備事業費	57,669
港 湾 整 備 事 業	51,940
都市・幹線鉄道整備事業	2,923
船舶交通安全基盤整備事業	2,806
道 路 環 境 整 備 事 業	34,238
公園水道廃棄物処理等施設整備費	57,907
水 道 施 設 整 備 事 業	2,513
廃棄物処理施設整備事業	53,944
工 業 用 水 道 事 業	1,450
社会資本整備総合交付金	20,198
生活基盤施設耐震化等対策費	15,185
海岸漂着物等処理等事業費	3,525
海上保安施設等耐災害性強化対策費	583
園芸産地における事業継続強化対策事業費	260
卸売市場施設の防災・減災対策事業費	230
計	390,710

②　予防保全型インフラメンテナンスへの転
　　換に向けた老朽化対策
補正第2号追加　　　　　　　　251,784(百万円)
　　上記の追加額は、河川・ダム、道路、港
　湾、農業水利施設、学校施設等の重要インフ
　ラに係る老朽化対策に必要な経費であって、
　その内訳は次のとおりである。

（単位　百万円）

治 山 治 水 対 策 事 業 費	58,160
治　水　事　業	53,745
海　岸　事　業	4,415
道 路 整 備 事 業	84,800
港 湾 整 備 事 業	9,233
住　宅　対　策	10,060

国 営 公 園 等 事 業	1,548
農 業 農 村 整 備 事 業	29,754
国立大学法人施設整備費	45,538
独立行政法人国立高等専門学校機構施設整備費	12,691
計	251,784

③ 国土強靱化に関する施策を効率的に進めるためのデジタル化等の推進

補正第2号追加　　　　94,754(百万円)

（イ）　国土強靱化に関する施策のデジタル化

補正第2号追加　　　　23,360(百万円)

上記の追加額は、河川管理施設の遠隔監視・遠隔操作化や、カメラ・ＡＩ画像解析技術や３次元データ等のデジタル技術を活用したインフラの整備・維持管理の推進等に必要な経費であって、その内訳は次のとおりである。

（単位　百万円）

治 水 事 業	5,173
道 路 整 備 事 業	5,045
港 湾 整 備 事 業	1,238
道 路 環 境 整 備 事 業	4,755
防 災 地 理 情 報 整 備 費	2,965
電子基準点網耐災害性強化費	1,134
国土技術政策総合研究所施設費	1,041
国立研究開発法人建築研究所施設整備費	969
国立研究開発法人土木研究所施設整備費	529
国土強靱化施策を円滑に進めるためのインフラＤＸ等の推進に要する経費	423
建設機械等自動化・遠隔化技術導入推進調査費	80
地殻変動把握技術調査費	9
計	23,360

（ロ）　災害関連情報の予測、収集・集積・伝達の高度化

補正第2号追加　　　　71,394(百万円)

上記の追加額は、最新技術を導入した気象観測の強化等により、線状降水帯による大雨等の予測精度向上を図るなど、防災気象情報の改善・高度化の推進等に必要な経費であって、その内訳は次のとおりである。

（単位　百万円）

治 水 事 業	4,343
港 湾 整 備 事 業	45
観 測 予 報 等 業 務 費	61,847
数値解析予報システム改修等事業費	2,458
気 象 官 署 施 設 費	1,322
国立研究開発法人海上・港湾・航空技術研究所施設整備費	727
地震・津波観測網等の機能強化に要する経費	502
防災地理情報利活用促進調査費	150
計	71,394

④　そ　の　他

補正第2号追加　　　　119,753(百万円)

上記の追加額の内訳は、次のとおりである。

（単位　百万円）

国 立 劇 場 再 整 備 費	50,000
自衛隊の災害対処能力の強化等に要する経費	28,876
独立行政法人日本学生支援機構施設老朽化対策事業費	7,235
ポリ塩化ビフェニル廃棄物処理事業費	3,332
沖縄振興公共投資交付金	2,942
独立行政法人日本スポーツ振興センター研究施設・設備整備費	2,092
災害時に備えた社会的重要インフラへの自衛的な燃料備蓄の推進事業費	2,000
総合防災情報システム等整備費	2,000
公共ブロードバンド移動通信システムに関する検討事業費	1,573
医療施設等耐震整備事業費	1,425
大規模災害に備えた廃棄物処理体制拠点整備事業費	1,398
災害時の強靱性向上に資する天然ガス利用設備導入支援事業費	1,356
高精度リモートセンシングデータ収集技術研究開発事業費	1,300
休廃止鉱山鉱害防止等工事費補助金	1,205
ケーブルテレビネットワーク耐災害性強化事業費	1,100
裁 判 所 施 設 費	1,099
災害拠点精神科病院等整備事業費	823
独立行政法人国立青少年教育振興機構施設整備費	753

国立公園等施設利用環境整備事業費	721
放射線モニタリング体制強化等事業費	711
会計検査院施設費	655
災害支援物資備蓄倉庫施設整備費	604
核物質防護実習フィールド拡充事業費	415
医療施設非常用自家発電装置施設整備事業費	413
緊急消防援助隊災害対応力強化事業費	409
心神喪失者等医療観察法指定入院医療機関施設整備事業費	399
消防業務システムクラウド化等検討経費	381
教育放送施設整備費	363
スマート保安導入支援事業費	353
日本芸術院施設費	304
医療施設浸水対策事業費	285
災害発生時の対応の強化・推進経費	275
独立行政法人国際協力機構施設整備費	267
観測予報等業務費	259
警察庁施設費	225
心身障害児総合医療療育センター防災・減災対策事業費	220
内閣官房施設費	208
社会事業学校施設整備費	188
独立行政法人教職員支援機構施設整備費	186
独立行政法人国立女性教育会館施設整備費	181
消防研究センター設備整備費	147
独立行政法人国立公文書館施設整備費	109
医療施設給水設備強化等促進事業費	104
国立障害者リハビリテーションセンター防災・減災対策事業費	104
インターネット脆弱性分析調査費	100
国際障害者交流センター防災・減災対策事業費	100
独立行政法人国立特別支援教育総合研究所施設整備費	78
ヘリコプター動態管理システム更改経費	77
国際連合大学施設整備費	70
消防訓練設備緊急整備事業費	56
消防庁映像共有システム構築調査検討経費	50
独立行政法人日本スポーツ振興センター施設整備費	46

危険物施設安全対策事業費	44
消防団災害対応高度化推進事業費	36
国土交通本省施設費	29
船舶活用医療連携調査費	25
消防用設備等新技術導入推進事業費	16
水道分野におけるサプライチェーン等の調査検討経費	16
ヘリコプター衛星通信システム（ヘリサット）移行調査検討経費	15
計	119,753

（３）　自然災害からの復旧・復興の加速

補正第２号追加　　　　　514,426（百万円）

①　廃炉・汚染水・処理水対策のための経費

補正第２号追加　　　　　 64,910（百万円）

（イ）　廃炉・汚染水・処理水対策事業

補正第２号追加　　　　　 14,910（百万円）

　　　上記の追加額は、廃炉・汚染水・処理水対策を進めていく上で、技術的に難易度が高く、国が前面に立って取り組む必要がある研究開発等に必要な経費である。

（ロ）　ＡＬＰＳ処理水の海洋放出に伴う影響を乗り越えるための漁業者支援

補正第２号追加　　　　　 50,000（百万円）

　　　上記の追加額は、ＡＬＰＳ処理水の海洋放出に伴う影響を乗り越えるための持続可能な漁業の実現に向けて必要な経費である。

②　生活・生業の再建

補正第２号追加　　　　　 39,943（百万円）

（イ）　生活の再建

補正第２号追加　　　　　 18,938（百万円）

　　　上記の追加額は、令和４年福島県沖を震源とする地震等による被災者の生活再建に必要な経費であって、その内訳は次のとおりである。

（単位　百万円）

災害等廃棄物処理事業費補助金	14,265
住宅対策	4,329
私立高等学校等経常費助成費補助金（教育活動復旧費）	188
私立大学等経常費補助金（教育研究活動復旧費）	104
防災集団移転促進事業費	52

計　　　　　18,938　　　　　　　補正第2号追加　　　　377,526(百万円)

（ロ）　生　業　の　再　建

補正第2号追加　　　　　21,005(百万円)

　　上記の追加額は、令和4年福島県沖を震源とする地震等により災害を受けた中小企業等の復旧等に必要な経費であって、その内訳は次のとおりである。

（単位　百万円）

中小企業施設等災害復旧事業費	14,463
なりわい再建支援事業費	6,394
農林水産業共同利用施設災害復旧事業費	118
中小企業災害復旧資金利子補給補助金	30
計	21,005

③　災害復旧等事業費

補正第2号追加　　　　381,783(百万円)

（イ）　公共土木施設等の災害復旧等事業費

　　上記の追加額は、4年発生災害及び過年発生災害による公共土木施設、農林水産業施設等の災害復旧事業及び災害関連事業に必要な経費である。

　　4年発生災害の復旧については、その早期復旧を図るため、当初予算により支出するものを除き、今後必要な額として災害復旧事業費161,352百万円及び災害関連事業費17,397百万円を計上している。

　　また、過年発生災害については、今後必要な額として災害復旧事業費112,831百万円及び災害関連事業費85,946百万円を追加計上している。

　　今回の予算補正において追加される災害復旧事業費及び災害関連事業費の所管別及び事項別内訳は、次のとおりである。

（単位　百万円）

所管	災害復旧事業費	災害関連事業費	計
農 林 水 産 省	44,380	7,691	52,071
国 土 交 通 省	229,803	95,652	325,455
計	274,183	103,343	377,526

（単位　百万円）

事項	災害復旧事業費	災害関連事業費	計
農 業 用 施 設	19,363	193	19,556
農 地	5,662	—	5,662
治 山	1,277	6,891	8,168
林 道	15,496	303	15,799
漁 港	2,582	304	2,886
河 川 等	172,502	95,376	267,878
道 路	44,285	—	44,285
港 湾	8,785	276	9,061
都 市	4,231	—	4,231
計	274,183	103,343	377,526

　また、上記の追加額を年災別に示すと、次のとおりである。

（単位　百万円）

年災	災害復旧事業費	災害関連事業費	計
28 年 災	505	187	692
29 年 災	984	314	1,298
30 年 災	3,386	6	3,392
元 年 災	7,450	69,662	77,112
2 年 災	57,415	15,241	72,656
3 年 災	43,091	536	43,627
4 年 災	161,352	17,397	178,749

年　　災	災害復旧事業費	災害関連事業費	（単位　百万円）計
計	274,183	103,343	377,526

（ロ）　水道施設等の災害復旧事業費

補正第2号追加　　　　　　4,257(百万円)

　　上記の追加額は、令和4年8月の前線等に伴う大雨等により災害を受けた水道施設等の災害復旧事業に必要な経費であって、その内訳は次のとおりである。

	（単位　百万円）
鉄道施設災害復旧事業費	995
船舶交通安全基盤災害復旧事業費	152
住宅施設災害復旧事業費	183
水道施設災害復旧事業費	1,928
廃棄物処理施設災害復旧事業費	999
計	4,257

④　施設等の災害復旧関連経費

補正第2号追加　　　　　　25,980(百万円)

（イ）　学校施設等の災害復旧費

補正第2号追加　　　　　　19,538(百万円)

　　上記の追加額は、4年に発生した地震・台風等により災害を受けた学校施設等について、学校法人等が行う復旧に要する費用の補助等に必要な経費であって、その内訳は次のとおりである。

	（単位　百万円）
私立学校施設災害復旧費	5,581
公立学校施設災害復旧費	3,823
国立大学法人施設災害復旧費	3,704
公立社会教育施設災害復旧費	3,174
国立大学法人設備災害復旧費	3,097
独立行政法人国立高等専門学校機構施設災害復旧費	108
独立行政法人国立高等専門学校機構設備災害復旧費	34
独立行政法人国立青少年教育振興機構施設災害復旧費	17
公立社会教育施設災害復旧都道府県事務費	0
私立学校施設災害復旧都道府県事務費	0
計	19,538

（ロ）　そ　の　他

補正第2号追加　　　　　　6,443(百万円)

　　上記の追加額の内訳は、次のとおりである。

	（単位　百万円）
児童福祉施設等災害復旧費	2,873
介護施設等災害復旧費	1,326
被災文化財等の災害復旧費	1,114
医療施設等災害復旧費	664
治　水　事　業	211
障害者支援施設等災害復旧費	154
都道府県警察施設災害復旧費補助金	76
海上保安官署施設災害復旧費	24
計	6,443

⑤　そ　の　他

補正第2号追加　　　　　　1,809(百万円)

　　上記の追加額の内訳は、次のとおりである。

	（単位　百万円）
北海道赤潮対策緊急支援事業費	1,500
旧鉱物採掘区域復旧事業費	166
農地農業用施設等災害復旧支援対策費	110
湛水排除事業費	33
計	1,809

（4）　外交・安全保障環境の変化への対応

補正第2号追加　　　　　　649,444(百万円)

①　外交・安全保障

補正第2号追加　　　　　　641,830(百万円)

（イ）　国際情勢の変化の下で外交を展開する経費

補正第2号追加　　　　　　250,156(百万円)

　　上記の追加額は、国際情勢が激変する中、来年のG7広島サミット開催等も見据え、法の支配に基づく国際秩序の維持・強化や地球規模課題への対処等に向け、機動的で力強い外交を展開するために必要な経

費であって、その内訳は次のとおりである。

(単位 百万円)

ウクライナ及び周辺国における緊急支援及び復旧・復興支援事業費	60,000
国際開発金融機関を通じたウクライナ支援のための拠出金	54,000
サブサハラ・アフリカ地域における緊急ニーズへの支援事業費	38,279
中東・北アフリカ地域における社会安定化及び人道危機に対する支援事業費	17,852
アフガニスタンに対する社会安定化及び人道危機に対する支援事業費	13,582
東南アジア地域における物価高・食糧不足等への緊急支援事業費	12,450
国際連合安全保障理事会理事国として国際機関等の機能強化支援のための拠出金	11,258
スリランカにおける人道支援事業費	7,705
円安の進行及び物価高騰の影響を受けた無償資金協力事業への対策事業費	7,500
国際連合平和維持活動分担金	7,371
ミャンマーにおける物価高・食糧不足等への緊急支援事業費	6,877
国際通貨基金を通じた低所得国支援のための拠出金	4,320
パキスタンにおける社会安定化緊急支援事業費	4,210
大洋州島嶼国における社会経済活動再開等に対する緊急支援事業費	1,210
ユース非核リーダー基金拠出金	1,080
FOIP実現のためのフェローシップ・プログラムの実施に要する経費	750
アジア大洋州地域における海上犯罪対策を通じた我が国の経済活動の安全強化のための拠出金	500
世界銀行を通じたデジタル開発支援のための拠出金	324
国際原子力機関拠出金	269
日本企業進出先国等における責任ある企業行動の促進のための拠出金	250
UHC2030事務局を通じたUHC推進のための拠出金	200
太平洋島嶼国における経済回復支援のための拠出金	150

包括的核実験禁止条約機関準備委員会を通じた放射性希ガス共同観測事業のための拠出金	18
計	250,156

（ロ）　自衛隊等の変化する安全保障環境への対応のための経費

補正第2号追加　　　　　324,812（百万円）

上記の追加額は、急速に厳しさを増す安全保障環境を踏まえ、我が国に飛来する経空脅威等に対する自衛隊の安定的な運用態勢の確保等に必要な経費である。

（ハ）　戦略的海上保安体制の強化等のための経費

補正第2号追加　　　　　63,229（百万円）

上記の追加額は、戦略的海上保安体制の強化等を図るため行う海上保安庁の巡視船の建造等に必要な経費である。

（ニ）　そ　　の　　他

補正第2号追加　　　　　3,633（百万円）

上記の追加額の内訳は、次のとおりである。

(単位 百万円)

事態対処能力及び危機管理体制の維持・向上に資する経費	1,349
主要国首脳会議開催環境整備等経費	771
情報収集機能緊急強化事業費	500
重要施設周辺等における地図情報調査等経費	429
人道救援物資の緊急備蓄経費	279
情報収集・機微技術防護強化経費	186
総合的・戦略的な海洋政策緊急事業費	66
公共インフラ活用調査費	50
大規模通信障害発生時における緊急業務体制の確保に資する経費	3
計	3,633

②　経済安全保障、食料安全保障

補正第2号追加　　　　　7,614（百万円）

上記の追加額は、経済安全保障環境の変化に対応した取組、サプライチェーンの強靱化、食料安全保障の強化、サイバーセキュリティへの対応能力の強化等に向けた取組に必

要な経費であって、その内訳は次のとおりで
ある。

（単位　百万円）

サイバーセキュリティ情報収集・分析実証事業費	2,000
積極的セキュリティ対策総合実証事業費	1,797
デジタルインフラの安全性・信頼性確保に向けた国際連携事業費	1,220
通信アプリ不正機能検証事業費	996
電気通信分野のソフトウェア部品構成表導入調査事業費	498
国際電気通信連合を通じた国際連携強化事業費	469
国際農業開発基金を通じた農産品等の生産拡大支援事業拠出金	227
我が国企業の海外事業環境整備推進経費	166
総務省における対内直接投資審査強化事業費	110
海底ケーブル敷設・保守体制強化調査費	100
国際物流の多元化・強靱化に向けた調査事業費	30
計	7,614

（5）　国民の安全・安心の確保

補正第2号追加　　　　　357,456（百万円）

① 「こどもの安心・安全対策支援パッケージ」の推進

補正第2号追加　　　　　23,360（百万円）

上記の追加額は、送迎用バスの安全装置改修等への支援等を内容とする「こどもの安心・安全対策支援パッケージ」の推進により、こどもの安全・安心を確保するために必要な経費である。

② 原子力防災対策等

補正第2号追加　　　　　　5,741（百万円）

上記の追加額は、緊急時に即時退避が容易でない要配慮者のための屋内退避施設等の放射線防護対策等に必要な経費であって、その内訳は次のとおりである。

（単位　百万円）

原子力発電所周辺地域における防災対策のための経費	4,293
統合原子力防災ネットワークシステム整備費	1,320
原子力発電施設等に係る保障措置体制の充実・強化事業費	127

計	5,741

③ 消費者の安全・安心の確保

補正第2号追加　　　　　　3,289（百万円）

上記の追加額は、消費者契約関連法の見直しなど悪質商法対策の強化や社会のデジタル化に対応する消費者政策の推進に必要な経費であって、その内訳は次のとおりである。

（単位　百万円）

地方消費者行政強化交付金	2,000
消費生活相談機能強化促進等補助金	1,000
食物アレルギー表示制度の検証推進事業費	134
消費者被害未然防止のための消費者教育の強化・充実に要する経費	120
特定商取引等に係る契約書面等電子化関係経費	35
計	3,289

④ 警護の強化のための資機材等の整備

補正第2号追加　　　　　　2,131（百万円）

上記の追加額は、国内外要人の身辺の安全を確保するため、先端技術を活用した資機材や銃器に対処するための装備資機材等の整備に必要な経費である。

⑤ 法テラスによる総合法律支援の充実・強化

補正第2号追加　　　　　　2,002（百万円）

上記の追加額は、法テラスによる相談体制の充実・強化に必要な経費である。

⑥ 緊急事態における在外公館の対応力強化対策費

補正第2号追加　　　　　　1,310（百万円）

上記の追加額は、政情不安地域等における対応力強化のための在外公館施設の整備等に必要な経費である。

⑦ そ　の　他

補正第2号追加　　　　　319,623（百万円）

上記の追加額の内訳は、次のとおりである。

（単位　百万円）

都市・幹線鉄道整備事業	3,873
道路環境整備事業	22,000
工業用水道事業	13
貨幣回収準備資金へ繰入	253,604
家畜伝染病・家畜衛生対策費	5,610

税関取締・検査機器等整備費	4,703
警察における装備資機材の整備等に要する経費	4,601
小型旅客船等の安全対策に要する経費	3,555
国立ハンセン病療養所施設整備費	2,533
韓国・中国等外国漁船操業対策事業費	2,500
捜査公判支援機器の整備等に要する経費	2,435
特定C型肝炎ウイルス感染者等救済対策費	2,281
沖縄漁業基金事業費	1,500
自動車事故による被害者救済対策費	1,249
医療施設防火対策事業費	916
有機ヒ素化合物汚染土壌処理事業費	881
産業廃棄物処理施設整備費	809
主要国首脳会議警備関連経費	771
警察におけるサイバーセキュリティ対策強化等経費	632
病害虫侵入・まん延防止緊急支援事業費	631
ＡＩを活用したマネー・ロンダリング等対策高度化推進事業費	620
子どもの健康と環境に関する全国調査経費	600
鉄道技術の開発・普及や鉄道脱炭素等推進費	437
輸入食品検査業務実施費	387
犯罪被害給付金	362
国民保護関連システム改修経費	295
特定外来生物駆除等事業費	250
内閣本府施設費	239
旅券事務関係経費	196
産業廃棄物適正処理推進費	190
保健所業務の在り方に関する調査検討経費	169
難民等定住支援プログラムに要する事業費	162
資本市場の活性化と信頼性確保に向けた市場監視手段の高度化・効率化費	132
主要国首脳会議緊急医療機器等整備事業費	108
治安確保に向けた薬物取締体制整備費	100
国際保健推進事業費	80
日本点字図書館設備整備費	53
公共交通等の事故等調査体制強化に要する経費	36

マネー・ロンダリング等対策広報事業費	28
Ｂ型肝炎給付金等支給経費	25
昭和館設備整備費	22
物流施設における非常用電源設備導入推進事業費	15
サプライチェーンリスク調査費	10
保険会社の新たな規制導入に関する調査費	10
計	319,623

5　今後への備え

　　補正第2号追加　　　　4,740,000(百万円)

（1）　新型コロナウイルス感染症及び原油価格・物価高騰対策予備費

　　補正第2号追加　　　　3,740,000(百万円)

　上記の追加額は、新型コロナウイルス感染症に係る感染拡大防止策に要する経費その他の同感染症に係る緊急を要する経費又は原油価格・物価高騰に伴うエネルギー、原材料、食料等の安定供給対策に要する経費その他の原油価格・物価高騰対策に係る緊急を要する経費の予見し難い予算の不足に充てるための予備費である。

（2）　ウクライナ情勢経済緊急対応予備費

　　補正第2号追加　　　　1,000,000(百万円)

　上記の追加額は、ウクライナ情勢に伴い発生しうる経済危機への対応に要する経費その他の国際情勢の変化又は大寒波の到来その他の災害に伴い発生しうる経済危機への対応に係る緊急を要する経費の予見し難い予算の不足に充てるための予備費である。

6　その他の経費

　　補正第2号追加　　　　222,902(百万円)

（1）　東日本大震災復興特別会計へ繰入

　　補正第2号追加　　　　65,332(百万円)

　上記の追加額は、「特別会計に関する法律」(平19法23)等に基づく復興費用及び復興債の償還費用の財源に充てるため、一般会計の3年度の決算上の剰余金のうち65,328百万円及び一般会計の税外収入の受入実績による増加額4百万円を、一般会計から東日本大震災復興特別会計に繰り入れるために必要な経費である。

（2）　外貨関連経費

　　補正第2号追加　　　　48,036(百万円)

上記の追加額は、既定経費の外貨関連予算の執行に際し、為替レートの変動に伴い、実勢レート適用分につき生じた不足額を補塡するために必要な経費である。

（3） 給与改善等に必要な経費

補正第2号追加　　　　　34,694（百万円）
（ほか△50,538）

上記の追加額は、一般職の国家公務員の給与について、4年8月8日に行われた人事院勧告にかんがみ、俸給表、勤勉手当等の改善を4年4月1日から行うとともに、特別職の国家公務員の給与についてもおおむね上記一般職の給与改善の趣旨に沿ってその改善を行い、補助職員の給与改善についても所要の財源措置を講ずること等に伴い必要となる経費である。

（ほか書は、既定経費の減額に伴う修正減少額50,538百万円である。）

（4） そ　の　他

補正第2号追加　　　　　74,840（百万円）

上記の追加額の内訳は、次のとおりである。

（単位　百万円）

光 熱 水 料 等 経 費	24,684
貨 幣 交 換 差 減 補 塡 金	23,433
燃 料 購 入 費	15,588
自衛隊の海賊対処行動等に必要な経費	3,593
地域連携道路事業費補助の過年度支出に要する経費	2,446
アスベスト訴訟における和解の履行に要する経費	1,991
こども家庭庁設置準備に必要な経費	1,268
事務取扱手数料の支払財源の国債整理基金特別会計へ繰入	1,033
在 外 職 員 等 旅 費	413
国 際 連 合 分 担 金	225
航 空 機 借 上 経 費	167
計	74,840

7　国債整理基金特別会計へ繰入

補正第2号追加　　　　　690,592（百万円）

上記の追加額は、「財政法」（昭22法34）に基づく3年度の決算上の剰余金の2分の1に相当する額の公債の償還財源に充てるための国債整理基金特別会計へ繰入れに必要な経費である。

8　既定経費の減額

補正第2号修正減少　　△　1,077,358（百万円）

既定経費の不用額は1,077,358百万円である。このうち、国債費に係るものは、966,242百万円である。

既定経費の不用に伴う修正減少額の所管別内訳は、次のとおりである。

（単位　百万円）

国 会	△	1,360
裁 判 所	△	3,270
会 計 検 査 院	△	453
内 閣	△	1,522
内 閣 府	△	38,575
デ ジ タ ル 庁	△	361
総 務 省	△	5,878
法 務 省	△	4,556
外 務 省	△	991
財 務 省	△	971,286
文 部 科 学 省	△	1,354
厚 生 労 働 省	△	23,782
農 林 水 産 省	△	6,507
経 済 産 業 省	△	1,724
国 土 交 通 省	△	10,795
環 境 省	△	337
防 衛 省	△	4,607
計	△	1,077,358

9　国庫債務負担行為の追加

公共事業等について、次のとおり、所要の国庫債務負担行為の追加を行うこととしている。

（単位　百万円）

	限 度 額
公 共 事 業 関 係 費	188,380
治 水 事 業	52,744
治 山 事 業	9,679
海 岸 事 業	3,282
道 路 整 備 事 業	62,301
港 湾 整 備 事 業	17,643
船舶交通安全基盤整備事業	1,561
都 市 環 境 整 備 事 業	5,613
国 営 公 園 等 事 業	293
農 業 農 村 整 備 事 業	21,636
森 林 整 備 事 業	2,597
水 産 基 盤 整 備 事 業	5,845
災 害 関 連 事 業	5,186
そ の 他	638,416
中小企業生産性革命推進事業費補助	202,110

脱炭素化産業成長省エネルギー投資促進・需要構造転換支援事業費補助	122,500		大 型 巡 視 船 建 造	72,185
			そ の 他	124,082
静 止 気 象 衛 星 製 作 等	117,539		計	826,796

（B） 歳　　　　入

歳入の内訳は、次のとおりである。

（単位　百万円）

| | 4　　　年　　　度 | | | 3　　年　　度 |
	成　立　予　算	補　正　第　2　号	計	
租　税　及　印　紙　収　入	65,235,000	3,124,000	68,359,000	63,880,000
税　　外　　収　　入	5,382,279	673,056	6,055,335	6,916,318
公　　　債　　　金	39,626,917	22,852,000	62,478,917	65,655,000
前　年　度　剰　余　金　受　入	53,146	2,273,171	2,326,317	6,147,901
計	110,297,342	28,922,227	139,219,569	142,599,219

1　租税及印紙収入

	4年度(百万円)	3年度(百万円)
成　立　予　算	65,235,000	
補　正　第　2　号	3,124,000	
計	68,359,000	63,880,000

上記の補正額の内訳は、次のとおりである。

（単位　百万円）

租　　　　　　税	3,124,000
所　　得　　税	1,637,000
源　泉　所　得　税	1,411,000
申　告　所　得　税	226,000
法　　人　　税	451,000
相　　続　　税	220,000
消　　費　　税	588,000
関　　　　税	228,000

（1）　源泉所得税は、配当所得等が増加するものと見込まれること等により

（2）　申告所得税は、個人の譲渡所得等が増加するものと見込まれること等により

（3）　法人税は、法人企業の申告所得が増加するものと見込まれること等により

（4）　相続税は、課税価額が増加するものと見込まれること等により

（5）　消費税は、課税額が増加するものと見込まれること等により

（6）　関税は、課税額が増加するものと見込まれることにより

　それぞれ最近までの収入実績等を勘案して増加見込額を計上したものである。

2　税　外　収　入

（1）　政府資産整理収入

	4年度(百万円)	3年度(百万円)
成　立　予　算	251,716	
補　正　第　2　号	54,240	
計	305,957	245,332

上記の補正額の内訳は、次のとおりである。

（単位　百万円）

政府出資回収金収入	
国立研究開発法人日本医療研究開発機構出資回収金	3,966
独立行政法人国際協力機構出資回収金	248
独立行政法人国立科学博物館出資回収金	3
独立行政法人日本芸術文化振興会出資回収金	50,000
国立研究開発法人海洋研究開発機構出資回収金	6
独立行政法人国立高等専門学校機構出資回収金	11
独立行政法人家畜改良センター出資回収金	3
国立研究開発法人農業・食品産業技術総合研究機構出資回収金	3
計	54,240

政府出資回収金収入は、「独立行政法人通則法」(平11法103)に基づく不要財産等の国庫納付を計上したものである。

（2）　雑　　収　　入

	4年度(百万円)	3年度(百万円)		
成 立 予 算	5,079,641			
補 正 第 2 号	618,816			

計	5,698,456	6,618,780

上記の補正額の内訳は、次のとおりである。

（単位　百万円）

	追 加 額	修正減少額	補 正 額
配 当 金 収 入			
日本郵政株式会社配当金収入	12,560	—	12,560
日本アルコール産業株式会社配当金収入	4	—	4
輸出入・港湾関連情報処理センター株式会社配当金収入	6	—	6
独立行政法人日本スポーツ振興センター納付金			
独立行政法人日本スポーツ振興センター納付金	105	—	105
雑 納 付 金			
独立行政法人国立公文書館納付金	6	—	6
国立研究開発法人日本医療研究開発機構納付金	1,958	—	1,958
独立行政法人統計センター納付金	357	—	357
独立行政法人郵便貯金簡易生命保険管理・郵便局ネットワーク支援機構納付金	8,524	—	8,524
日本司法支援センター納付金	3,605	—	3,605
独立行政法人国際協力機構納付金	6,886	—	6,886
独立行政法人国際交流基金納付金	99	—	99
株式会社国際協力銀行納付金	—	△ 162	△ 162
独立行政法人造幣局納付金	296	—	296
独立行政法人国立印刷局納付金	868	—	868
独立行政法人国立科学博物館納付金	57	—	57
国立研究開発法人科学技術振興機構納付金	7,910	—	7,910
国立研究開発法人海洋研究開発機構納付金	2	—	2
国立研究開発法人日本原子力研究開発機構納付金	10	—	10
国立大学法人納付金	980	—	980
独立行政法人労働政策研究・研修機構納付金	53	—	53
国立研究開発法人医薬基盤・健康・栄養研究所納付金	—	△ 861	△ 861
独立行政法人農林水産消費安全技術センター納付金	9	—	9
独立行政法人家畜改良センター納付金	3	—	3

	追　加　額	修正減少額	補　正　額
国立研究開発法人農業・食品産業技術総合研究機構納付金	5	—	5
独立行政法人農畜産業振興機構納付金	794	—	794
独立行政法人製品評価技術基盤機構納付金	23	—	23
国立研究開発法人土木研究所納付金	827	—	827
国立研究開発法人建築研究所納付金	113	—	113
独立行政法人水資源機構納付金	25	—	25
独立行政法人日本高速道路保有・債務返済機構納付金	13	—	13
独立行政法人住宅金融支援機構納付金	17,411	—	17,411
独立行政法人駐留軍等労働者労務管理機構納付金	5	—	5
東日本大震災復興雑納付金			
独立行政法人農畜産業振興機構納付金	4	—	4
公 共 事 業 費 負 担 金			
海岸整備事業費負担金	3,916	—	3,916
治 山 事 業 費 負 担 金	1,060	—	1,060
河川等整備事業費負担金	46,614	—	46,614
多目的ダム建設等事業電気事業者等工事費負担金	1,294	△　66	1,228
道路整備事業費負担金	52,941	—	52,941
港湾整備事業費負担金	25,961	—	25,961
エネルギー・鉄鋼港湾施設工事受益者工事費負担金	—	△　1	△　1
国営公園整備事業費負担金	439	—	439
土地改良事業費負担金	7,554	—	7,554
特定漁港漁場整備事業費負担金	1,043	—	1,043
河川等災害復旧事業費負担金	16,176	—	16,176
農業用施設災害復旧事業費負担金	0	—	0
治山災害復旧事業費負担金	21	—	21
河川等災害関連事業費負担金	22,909	—	22,909
弁 償 及 返 納 金			
返 納 金	376,460	—	376,460
計	619,906	△　1,090	618,816

① 配当金収入は、政府出資金に対する配当金の収入実績による増加額を計上したものである。

② 独立行政法人日本スポーツ振興センター納付金は、「独立行政法人日本スポーツ振興センター法」(平14法162)に基づき独立行政法人日本スポーツ振興センターから納付された納付金の受入実績による増加額を計上したものである。

③ 日本司法支援センター納付金は、「総合法律支援法」(平16法74)に基づき日本司法支援センターから納付された納付金の受

入実績額を計上したものである。

④　株式会社国際協力銀行納付金は、「株式会社国際協力銀行法」(平23法39)に基づき株式会社国際協力銀行から納付された納付金の受入実績による減少額を計上したものである。

⑤　25独立行政法人納付金は、各独立行政法人の個別法に基づき3年度末に中期目標等の期間が終了した各独立行政法人から納付された納付金及び「独立行政法人通則法」(平11法103)に基づく不要財産の国庫納付の受入実績等による増加又は減少額を計上したものである。

⑥　国立大学法人納付金は、「国立大学法人法」(平15法112)に基づき国立大学法人から納付された納付金の受入実績による増加額を計上したものである。

⑦　東日本大震災復興雑納付金は、「独立行政法人通則法」(平11法103)に基づき独立行政法人農畜産業振興機構から納付された納付金の受入実績額を計上したものである。

⑧　公共事業費負担金は、本年度の一般会計で実施する直轄事業費を追加又は修正減少することに伴い、地方公共団体等が負担する負担金の受入額の増加又は減少見込額を計上したものである。

⑨　弁償及返納金は、国庫補助金及び国庫補助金により造成された基金等に係る返納金並びに「特定B型肝炎ウイルス感染者給付金等の支給に関する特別措置法」(平23法126)に基づく基金の造成に要する経費の財源に充てるための地方公共団体の介護基盤緊急整備等臨時特例基金等に係る返納金の収入実績等による増加見込額を計上したものである。

3　公債金

	4年度(百万円)	3年度(百万円)
成　立　予　算	39,626,917	
公　債　金	6,251,000	
特例公債金	33,375,917	
補　正　第2号	22,852,000	
公　債　金	2,476,000	
特例公債金	20,376,000	
計	62,478,917	65,655,000

（1）　上記補正額(公債金)は、「財政法」(昭22法34)第4条第1項ただし書の規定による公債発行予定額の増加に伴う公債金収入の増加額を計上したものである。

　なお、今回の予算補正に伴い、「財政法」(昭22法34)第4条第3項の規定による公共事業費並びに出資金及び貸付金の合計額は9,225,246百万円となる。

（2）　上記補正額(特例公債金)は、「財政運営に必要な財源の確保を図るための公債の発行の特例に関する法律」(平24法101)第3条第1項の規定による公債発行予定額の増加に伴う公債金収入の増加額を計上したものである。

4　前年度剰余金受入

	4年度(百万円)	3年度(百万円)
成　立　予　算	53,146	
前年度剰余金受入	—	
東日本大震災復興前年度剰余金受入	53,146	
補　正　第2号	2,273,171	
前年度剰余金受入	2,207,843	
東日本大震災復興前年度剰余金受入	65,328	
計	2,326,317	6,147,901

（1）　上記補正額(前年度剰余金受入)は、3年度の決算上の剰余金のうち、歳出予算補正の財源に充てるための受入額(復興費用及び復興債の償還費用の財源に充てるための受入額を除く。)を計上したものである。

（2）　上記補正額(東日本大震災復興前年度剰余金受入)は、3年度の決算上の剰余金のうち、復興費用及び復興債の償還費用の財源の東日本大震災復興特別会計への繰入金の歳出予算補正の財源に充てるための受入額を計上したものである。

(参考)　　　　　　　　　公共事業費、出資金及び貸付金の補正額調

(単位　百万円)

事　　項	4 年 度成立予算額	補　　正　　額					改 4 年 度予 算 額
		追 加 額	修正減少額		差 引 額		
1　公　共　事　業　費							
（1）公 共 事 業 関 係 費							
治 山 治 水 対 策 事 業 費	792,202	283,226	△	1,601		281,625	1,073,827
道 路 整 備 事 業 費	1,456,300	274,067	△	1,541		272,526	1,728,826
港湾空港鉄道等整備事業費	305,602	69,360	△	915		68,444	374,047
住 宅 都 市 環 境 整 備 事 業 費	578,519	233,682	△	288		233,393	811,912
公園水道廃棄物処理等施設整備費	161,231	73,789	△	143		73,646	234,877
農 林 水 産 基 盤 整 備 事 業 費	569,039	230,007	△	1,044		228,963	798,002
社 会 資 本 総 合 整 備 事 業 費	1,397,301	314,393		―		314,393	1,711,694
推　　進　　費　　等	67,573	200		―		200	67,773
災 害 復 旧 等 事 業 費	68,591	342,677		―		342,677	411,268
小　　　　計	5,396,357	1,821,400	△	5,531		1,815,869	7,212,226
（2）そ の 他 施 設 費							
衆 議 院 施 設 費	2,293	―		―		―	2,293
参 議 院 施 設 費	1,118	―		―		―	1,118
国 立 国 会 図 書 館 施 設 費	1,240	―		―		―	1,240
裁 判 所 施 設 費	14,557	1,099		―		1,099	15,656
会 計 検 査 院 施 設 費	―	655		―		655	655
内 閣 官 房 施 設 費	1,603	208		―		208	1,810
情 報 収 集 衛 星 施 設 費	6,756	―		―		―	6,756
人 事 院 施 設 費	49	29		―		29	78
内 閣 本 府 施 設 費	2,440	843		―		843	3,283
独立行政法人国立公文書館施設整備費	34	109		―		109	143
沖縄政策費(沖縄製糖業体制強化対策整備費補助金及び沖縄科学技術大学院大学学園施設整備費補助金に限る。)	2,419	38		―		38	2,458
沖縄振興交付金事業推進費(沖縄振興公共投資交付金に限る。)	36,806	2,942		―		2,942	39,747
沖 縄 教 育 振 興 事 業 費	5,000	―		―		―	5,000
沖縄国立大学法人施設整備費	16,263	2,000		―		2,000	18,263
地方創生推進費(地方創生拠点整備交付金に限る。)	7,000	40,000		―		40,000	47,000
子ども・子育て支援年金特別会計へ繰入(地域子ども・子育て支援施設整備事業年金特別会計へ繰入に限る。)	―	1,099		―		1,099	1,099
公 正 取 引 委 員 会 施 設 費	134	―		―		―	134
警 察 庁 施 設 費	12,416	713		―		713	13,129
交通警察費(都道府県警察施設整備費補助金に限る。)	17,167	660		―		660	17,827
警察活動基盤整備費(都道府県警察施設整備費補助金及び都道府県警察施設災害復旧費補助金に限る。)	4,662	74	△	152	△	78	4,585
総 務 本 省 施 設 費	1,133	28		―		28	1,161
国立研究開発法人情報通信研究機構施設整備費	90	―		―		―	90

事　　　　項	4　年　度成立予算額	補　　　　正　　　　額			改　4　年　度予　算　額
		追　加　額	修正減少額	差　引　額	
情報通信技術利用環境整備費（放送ネットワーク整備支援事業費補助金に限る。）	1,092	1,096	―	1,096	2,188
消　防　庁　施　設　費	126	―	―	―	126
消防防災体制等整備費（消防防災施設整備費補助金に限る。）	1,372	―	―	―	1,372
法　務　省　施　設　費	24,273	15,391	―	15,391	39,664
外　務　本　省　施　設　費	767	293	―	293	1,061
独立行政法人国際協力機構施設整備費	1,612	267	―	267	1,880
在　外　公　館　施　設　費	5,253	1,031	―	1,031	6,284
財　務　本　省　施　設　費	260	―	―	―	260
公　務　員　宿　舎　施　設　費	7,464	―	―	―	7,464
特　定　国　有　財　産　整　備　費	2,317	―	―	―	2,317
財　務　局　施　設　費	427	―	―	―	427
税　関　施　設　費	636	―	―	―	636
船　舶　建　造　費（税関分）	841	―	△　6	△　6	836
国　税　庁　施　設　費	3,038	―	―	―	3,038
独立行政法人酒類総合研究所施設整備費	―	103	―	103	103
文　部　科　学　本　省　施　設　費	―	70		70	70
教育政策推進費（放送大学学園施設整備費補助金に限る。）	―	363		363	363
独立行政法人教職員支援機構施設整備費	―	186		186	186
独立行政法人国立青少年教育振興機構施設整備費	―	769		769	769
独立行政法人国立女性教育会館施設整備費	―	181		181	181
初等中等教育振興費（認定こども園施設整備交付金に限る。）	2,519	8,597	―	8,597	11,116
独立行政法人国立特別支援教育総合研究所施設整備費	―	78	―	78	78
独立行政法人国立高等専門学校機構船舶建造費	―	3,926	―	3,926	3,926
独立行政法人国立高等専門学校機構施設整備費	951	12,799	―	12,799	13,750
私立学校振興費（私立学校建物其他災害復旧費補助金及び私立学校施設整備費補助金に限る。）（文部科学本省分）	6,470	15,662	―	15,662	22,132
科学技術・学術政策推進費（地域産学官連携科学技術振興拠点施設整備費補助金に限る。）	―	50,000	―	50,000	50,000
研究振興費（特定先端大型研究施設整備費補助金及び次世代放射光施設整備費補助金に限る。）	1,384	4,147		4,147	5,531
国　立　大　学　法　人　施　設　整　備　費	37,980	57,333	―	57,333	95,313
国立研究開発法人物質・材料研究機構施設整備費	―	2,030	―	2,030	2,030
国立研究開発法人科学技術振興機構施設整備費	―	664	―	664	664

事　　項	4　年　度 成立予算額	補　　　　正　　　　額			改　4　年　度 予　算　額
		追　加　額	修正減少額	差　引　額	
国立研究開発法人理化学研究所施設整備費	—	4,022	—	4,022	4,022
国立研究開発法人量子科学技術研究開発機構施設整備費	1,718	4,525	—	4,525	6,243
国立研究開発法人防災科学技術研究所施設整備費	—	1,316	—	1,316	1,316
国立研究開発法人海洋研究開発機構船舶建造費	3,552	1,317	—	1,317	4,869
国立研究開発法人海洋研究開発機構施設整備費	—	2,495	—	2,495	2,495
国立研究開発法人宇宙航空研究開発機構施設整備費	2,781	2,907	—	2,907	5,688
国立研究開発法人日本原子力研究開発機構施設整備費	—	393	—	393	393
公 立 文 教 施 設 整 備 費	69,329	127,378	—	127,378	196,707
独立行政法人日本学生支援機構施設整備費	415	5,350	—	5,350	5,765
日 本 学 士 院 施 設 費	—	208	—	208	208
私立学校振興費(スポーツ庁分)	80	—	—	—	80
独立行政法人日本スポーツ振興センター施設整備費	93	1,640	—	1,640	1,733
文 化 庁 施 設 費	167	—	—	—	167
文化財保存事業費(国宝重要文化財等防災施設整備費補助金及び史跡等購入費補助金に限る。)	11,765	4,842	—	4,842	16,607
文 化 財 保 存 施 設 整 備 費	585	—	—	—	585
日 本 芸 術 院 施 設 費	—	304	—	304	304
独立行政法人国立科学博物館施設整備費	—	238	—	238	238
独立行政法人国立美術館施設整備費	400	676	—	676	1,076
独立行政法人国立文化財機構施設整備費	—	330	—	330	330
独立行政法人日本芸術文化振興会施設整備費	—	255	—	255	255
厚 生 労 働 本 省 施 設 費	247	—	—	—	247
国立研究開発法人国立がん研究センター施設整備費	131	—	—	—	131
国立研究開発法人国立精神・神経医療研究センター施設整備費	1,529	—	—	—	1,529
国立研究開発法人国立国際医療研究センター施設整備費	477	—	—	—	477
国立研究開発法人国立成育医療研究センター施設整備費	301	—	—	—	301
ハ ン セ ン 病 資 料 館 施 設 費	503	—	—	—	503
医療提供体制基盤整備費(医療施設等施設整備費補助金、医療施設等災害復旧費補助金及び医療提供体制施設整備交付金に限る。)	5,091	4,744	—	4,744	9,835
保 健 衛 生 施 設 整 備 費	3,623	—	—	—	3,623
生活基盤施設耐震化等対策費	21,804	34,537	—	34,537	56,341
保育対策費(保育所等整備交付金に限る。)	41,674	35,746	—	35,746	77,420

事　　　　項	4 年 度 成立予算額	補　　正　　額			改 4 年 度 予 算 額
		追 加 額	修正減少額	差 引 額	
児 童 福 祉 施 設 整 備 費	6,492	4,465	—	4,465	10,956
独立行政法人国立重度知的障害者総合施設のぞみの園施設整備費	165	—	—	—	165
社 会 福 祉 施 設 整 備 費	5,264	10,859	—	10,859	16,123
障害保健福祉費(心神喪失者等医療観察法指定入院医療機関施設整備費負担金に限る。)	505	399	—	399	904
介護保険制度運営推進費(社会福祉施設等災害復旧費補助金及び地域介護・福祉空間整備等施設整備交付金に限る。)	1,167	6,891	—	6,891	8,059
国立研究開発法人医薬基盤・健康・栄養研究所施設整備費	20	—	—	—	20
国立ハンセン病療養所施設費	3,384	2,533	—	2,533	5,917
厚生労働本省試験研究所施設費	235	738	—	738	973
国 立 更 生 援 護 機 関 施 設 費	90	104	—	104	195
地 方 厚 生 局 施 設 費	64	100	—	100	165
都 道 府 県 労 働 局 施 設 費	195	—	—	—	195
農 林 水 産 本 省 施 設 費	656	—	—	—	656
農林水産物・食品輸出促進対策費(農林水産物・食品輸出促進対策整備交付金に限る。)	600	6,000	—	6,000	6,600
独立行政法人農林水産消費安全技術センター施設整備費	57	—	—	—	57
食料安全保障確立対策費(食料安全保障確立対策整備交付金に限る。)	158	158	—	158	317
担い手育成・確保等対策費(担い手育成・確保等対策地方公共団体整備費補助金に限る。)	414	100	—	100	514
農地集積・集約化等対策費(農地集積・集約化等対策整備交付金に限る。)	24,750	—	—	—	24,750
農業生産基盤整備推進費(特殊自然災害対策整備費補助金及び農業水利施設保全管理整備交付金に限る。)	24,403	—	—	—	24,403
国産農産物生産基盤強化等対策費(国産農産物生産基盤強化等対策地方公共団体整備費補助金、国産農産物生産基盤強化等対策整備費補助金及び国産農産物生産基盤強化等対策整備交付金に限る。)	2,912	81,808	—	81,808	84,719
国立研究開発法人農業・食品産業技術総合研究機構施設整備費(農林水産本省分)	146	—	—	—	146
独立行政法人家畜改良センター施設整備費	200	—	—	—	200
農業・食品産業強化対策費(農業・食品産業強化対策整備交付金に限る。)	12,506	5,230	—	5,230	17,736
農林水産業環境政策推進費(農林水産業環境政策推進整備交付金に限る。)	100	1,300	—	1,300	1,400

（単位　百万円）

事　　項	4 年 度 成立予算額	補　　正　　額			改 4 年 度 予 算 額
		追　加　額	修正減少額	差　引　額	
農山漁村活性化対策費(農山漁村活性化対策整備交付金に限る。)	6,893	3,460	—	3,460	10,353
農林水産本省検査指導所施設費	241	—	—	—	241
農林水産技術会議施設費	163	—	—	—	163
国立研究開発法人農業・食品産業技術総合研究機構施設整備費(農林水産技術会議分)	424	520	—	520	944
国立研究開発法人国際農林水産業研究センター施設整備費	47	331	—	331	378
地方農政局施設費	295	—	—	—	295
林野庁施設費	1,031	—	—	—	1,031
国立研究開発法人森林研究・整備機構施設整備費	290	200	—	200	490
森林整備・林業等振興対策費(森林整備・林業等振興整備交付金に限る。)	6,582	16,866	—	16,866	23,448
国立研究開発法人水産研究・教育機構施設整備費	248	—	—	—	248
船舶建造費(水産庁分)	1,970	—	—	—	1,970
漁業経営安定対策費(漁業経営安定対策地方公共団体整備費補助金に限る。)	—	5,500	—	5,500	5,500
漁村振興対策費(漁村振興対策地方公共団体整備費補助金に限る。)	645	—	—	—	645
水産業強化対策費(水産業強化対策整備交付金に限る。)	2,542	—	—	—	2,542
経済産業本省施設費	1,646	—	—	—	1,646
国立研究開発法人産業技術総合研究所施設整備費	541	—	△ 541	△ 541	—
独立行政法人製品評価技術基盤機構施設整備費	2,165	370	—	370	2,535
中小企業事業環境整備費(中小企業特定施設等災害復旧費補助金に限る。)	—	6,227	—	6,227	6,227
国土交通本省施設費	75	29	—	29	104
河川管理施設整備費	65	—	—	—	65
独立行政法人航空大学校施設整備費	—	393	—	393	393
整備新幹線建設推進高度化等事業費	1,432	80	—	80	1,512
独立行政法人海技教育機構施設整備費	—	120	—	120	120
離島振興費(小笠原諸島振興開発事業費補助に限る。)	906	505	—	505	1,411
国立研究開発法人土木研究所施設整備費	271	529	—	529	800
国立研究開発法人建築研究所施設整備費	54	969	—	969	1,023
国立研究開発法人海上・港湾・航空技術研究所施設整備費	—	727	—	727	727
官庁営繕費	17,556	3,404	—	3,404	20,960
国土技術政策総合研究所施設費	84	1,041	—	1,041	1,125
国土地理院施設費	59	131	—	131	190

事　　　　項	4 年 度 成立予算額	補　　正　　額			改　4 年 度 予　算　額
		追　加　額	修正減少額	差　引　額	
北 海 道 開 発 局 施 設 費	34	—	—	—	34
気 象 官 署 施 設 費	39	1,824	—	1,824	1,863
海 上 保 安 官 署 施 設 費	2,240	598	—	598	2,838
船 舶 建 造 費(海上保安庁分)	20,210	32,887	—	32,887	53,097
環 境 本 省 施 設 費	4,175	—	—	—	4,175
廃棄物・リサイクル対策推進費(廃棄物処理施設整備交付金に限る。)	1,198	2,207	—	2,207	3,405
生物多様性保全等推進費(環境保全施設整備費補助金に限る。)	239	—	—		239
環 境 保 全 施 設 整 備 費	446	1,588	—	1,588	2,034
環境保健対策推進費(水俣病総合対策施設整備費補助金に限る。)	245	—	—		245
国立研究開発法人国立環境研究所施設整備費	727	650	—	650	1,376
地 方 環 境 事 務 所 施 設 費	50	—	—	—	50
原 子 力 規 制 委 員 会 施 設 費	4,525	—	—	—	4,525
小　　　　　計	563,064	660,550	△　　698	659,852	1,222,916
計	5,959,422	2,481,950	△　6,229	2,475,721	8,435,142
2　出　　資　　金					
出資国債等償還財源国債整理基金特別会計へ繰入	288,208	—	—	—	288,208
政府開発援助独立行政法人国際協力機構有償資金協力部門出資金	47,090	—	—	—	47,090
政府開発援助米州投資公社出資金	159	—	—	—	159
株式会社日本政策金融公庫出資金(財務省分)	47,120	21,200	—	21,200	68,320
独立行政法人日本芸術文化振興会出資金	—	50,000	—	50,000	50,000
株式会社日本政策金融公庫出資金(厚生労働省分)	—	463	—	463	463
株式会社日本政策金融公庫出資金(農林水産省分)	75	5,000	—	5,000	5,075
国立研究開発法人森林研究・整備機構出資金	9,612	—	—	—	9,612
独立行政法人エネルギー・金属鉱物資源機構出資金	—	110,000	—	110,000	110,000
独立行政法人中小企業基盤整備機構出資金	—	20,000	—	20,000	20,000
株式会社日本政策金融公庫出資金(経済産業省分)	240	66,300	—	66,300	66,540
独立行政法人住宅金融支援機構出資金	1,000	—	—	—	1,000
独立行政法人日本高速道路保有・債務返済機構出資金	116	—	—	—	116
中間貯蔵・環境安全事業株式会社出資金	2,468	3,132	—	3,132	5,600
計	396,088	276,095	—	276,095	672,183
3　貸　　付　　金					
災 害 援 護 貸 付 金	150	—	—	—	150
育 英 資 金 貸 付 金	101,453	—	—	—	101,453
母 子 父 子 寡 婦 福 祉 貸 付 金	1,358	—	—	—	1,358

（単位　百万円）

事　　　　項	4 年 度 成立予算額	補　正　　額			改 4 年 度 予 算 額
		追　加　額	修正減少額	差 引 額	
電 線 敷 設 工 事 資 金 貸 付 金	100	—	—	—	100
自動運行補助施設設置工事資金貸付金	25	—	—	—	25
埠 頭 整 備 等 資 金 貸 付 金	3,237	—	—	—	3,237
港 湾 開 発 資 金 貸 付 金	200	—	—	—	200
特定連絡道路工事資金貸付金	25	—	—	—	25
都 市 開 発 資 金 貸 付 金	4,727	—	—	—	4,727
有 料 道 路 整 備 資 金 貸 付 金	6,595	—	—	—	6,595
連続立体交差事業資金貸付金	50	—	—	—	50
計	117,921	—	—	—	117,921
合　　　　計	6,473,430	2,758,045	△　　6,229	2,751,816	9,225,246

（備考）1　上記の計数は、説明の便に供するため、公共事業費については、公共事業関係費は主要経費別、その他施設費は項別によることとし、出資金及び貸付金については、目別によることとした。

　　　　2　上記の公共事業関係費の計数は、公共事業関係費 8,053,253 百万円から(1)住宅対策諸費（住宅建設事業調査費及び独立行政法人住宅金融支援機構出資金を除く。）39,506 百万円及び民間都市開発推進機構補給金 17 百万円、(2)航空機燃料税財源空港整備事業費 31,522 百万円、公共事業費負担金相当額 739,325 百万円、受託工事収入人件費等相当額 2,986 百万円、附帯工事費負担金人件費等相当額 959 百万円及び河川管理費人件費等相当額 1,025 百万円、(3)国立研究開発法人森林研究・整備機構出資金 9,612 百万円、独立行政法人住宅金融支援機構出資金 1,000 百万円及び独立行政法人日本高速道路保有・債務返済機構出資金 116 百万円並びに(4)電線敷設工事資金貸付金 100 百万円、自動運行補助施設設置工事資金貸付金 25 百万円、埠頭整備等資金貸付金 3,237 百万円、港湾開発資金貸付金 200 百万円、特定連絡道路工事資金貸付金 25 百万円、都市開発資金貸付金 4,727 百万円、有料道路整備資金貸付金 6,595 百万円及び連続立体交差事業資金貸付金 50 百万円の合計 841,027 百万円を控除したものである。

　　　　3　4年度成立予算額は、組替え掲記したので、既成立予算額とは符合しない。

第3 特 別 会 計

1 交付税及び譲与税配付金特別会計

今回の一般会計補正予算における所得税、法人税及び消費税の追加見込額を計上することに伴う地方交付税交付金の追加額 805,788 百万円並びに 3 年度の地方交付税に相当する金額のうち未繰入額 829,032 百万円の合計額を一般会計から受け入れ、これを財源として「物価高克服・経済再生実現のための総合経済対策」の一環として、地域の「稼ぐ力」を回復・強化するため地方交付税交付金を増額するとともに、新型コロナウイルス感染症対策地方税減収補塡特別交付金の不用に伴う修正減少を行うものである。

地方法人税の追加額は、最近までの収入実績を勘案した増加見込額 108,600 百万円である。これに加え、「特別会計に関する法律」(平 19 法 23)に基づく前年度の決算上の剰余金のうち、地方法人税の増収分 177,694 百万円を財源として総合経済対策の一環として、地域の「稼ぐ力」を回復・強化するため地方交付税交付金を増額することとしている。

また、特別法人事業税の増収を計上するとともに、これに伴う特別法人事業譲与税譲与金の補正を行うこととしている。

この会計の予算補正の大要は、次のとおりである。

(単位 百万円)

(歳　　入)	成 立 予 算	補 追　　加	正(第2号) 修 正 減 少	計
他 会 計 よ り 受 入	16,078,595	1,634,820	△ 3,993	17,709,422
一 般 会 計 よ り 受 入	15,936,652	1,634,820	△ 3,993	17,567,480
財政投融資特別会計より受入	50,000	—	—	50,000
東日本大震災復興特別会計より受入	91,943	—	—	91,943
地 方 法 人 税	1,712,700	108,600	—	1,821,300
地 方 揮 発 油 税	222,500	—	—	222,500
石 油 ガ ス 税	5,000	—	—	5,000
特 別 法 人 事 業 税	2,004,400	99,500	—	2,103,900
自 動 車 重 量 税	291,600	—	—	291,600
航 空 機 燃 料 税	15,200	—	—	15,200
特 別 と ん 税	11,300	—	—	11,300
借 入 金	29,612,295	—	—	29,612,295
雑 収 入	2	—	—	2
前 年 度 剰 余 金 受 入	1,464,547	177,694	—	1,642,242
東日本大震災復興前年度剰余金受入	996	—	—	996
計	51,419,136	2,020,615	△ 3,993	53,435,757
(歳　　出)				
地 方 交 付 税 交 付 金	16,890,656	1,921,115	—	18,811,771
地 方 特 例 交 付 金	217,200	—	—	217,200
新型コロナウイルス感染症対策地方税減収補塡特別交付金	9,500	—	△ 3,993	5,507
交通安全対策特別交付金	53,506	—	—	53,506

(単位　百万円)

| （歳　　出） | 成　立　予　算 | 補　正(第2号) | | 計 |
		追　　加	修正減少	
地方揮発油譲与税譲与金	229,100	—	—	229,100
森林環境譲与税譲与金	50,000	—	—	50,000
石油ガス譲与税譲与金	4,800	—	—	4,800
特別法人事業譲与税譲与金	1,998,600	93,900	—	2,092,500
自動車重量譲与税譲与金	289,100	—	—	289,100
航空機燃料譲与税譲与金	14,900	—	—	14,900
特別とん譲与税譲与金	11,300	—	—	11,300
地方道路譲与税譲与金	3	—	—	3
事　務　取　扱　費	265	—	—	265
諸　　支　　出　　金	326	—	—	326
国債整理基金特別会計へ繰入	30,183,195	—	—	30,183,195
予　　備　　費	2,600	—	—	2,600
計	49,955,051	2,015,015	△　3,993	51,966,072

2　地震再保険特別会計

令和4年福島県沖を震源とする地震に伴い、多額の保険金支払いが発生することにより民間準備金の減少が見込まれるため、1回の地震等による民間損害保険会社の保険金の支払限度額を224,900百万円から191,700百万円に引き下げる一方で、政府の保険金の支払限度額を11,775,100百万円から11,808,300百万円に引き上げるものである。

3　国債整理基金特別会計

「特別会計に関する法律」(平19法23)に基づく復興債の償還費用の財源に充てるための東日本大震災復興特別会計からの受入見込額の増加等に伴い債務償還費等を追加するとともに、公債利子等支払に係る既定経費の修正減少等を行うものである。

この会計の予算補正の大要は、次のとおりである。

(単位　百万円)

| （歳　　入） | 成　立　予　算 | 補　正(第2号) | | 計 |
		追　　加	修　正　減　少	
他 会 計 よ り 受 入	92,340,084	691,625	△　5,029,957	88,001,753
東日本大震災復興他会計より受入	20,369	243,072	△　17,397	246,044
租　　　　　税	112,600	—	—	112,600
公　　債　　金	149,081,480	4,864,207	△　9,080,178	144,865,510
復 興 借 換 公 債 金	3,858,902	—	△　237,178	3,621,723
東日本大震災復興株式売払収入	172,108	—	—	172,108
東日本大震災復興配当金収入	3,972	993	—	4,965
運　用　収　入	29,864	—	—	29,864
東日本大震災復興運用収入	122	—	—	122
雑　　収　　入	178,954	—	△　67,583	111,371

(単位 百万円)

（歳　　入）	成　立　予　算	補　正(第2号) 追　　加	修　正　減　少	計
東日本大震災復興雑収入	21	—	△　　　　21	—
前年度剰余金受入	—	7,986	—	7,986
東日本大震災復興前年度剰余金受入	—	0	—	0
計	245,798,477	5,807,883	△　14,432,314	237,174,047
（歳　　出）				
国 債 整 理 支 出	241,742,984	925	△　8,614,824	233,129,084
復 興 債 整 理 支 出	4,055,494	6,887	△　　17,418	4,044,962
計	245,798,477	7,811	△　8,632,242	237,174,047

4　財政投融資特別会計

財政融資資金勘定

　財政融資資金の余裕金等を活用することに伴い、公債の発行額を減額することとし、公債金及び財政融資資金への繰入れの修正減少を行うとともに、既定経費の修正減少等を行うものである。

　この勘定の予算補正の大要は、次のとおりである。

(単位 百万円)

（歳　　入）	成　立　予　算	補　正(第2号) 追　　加	修　正　減　少	計
資 金 運 用 収 入	1,014,336	—	△　　263,182	751,154
公　　債　　金	25,000,000	—	△　8,500,000	16,500,000
財政融資資金より受入	22,001,226	—	△　4,000,000	18,001,226
他 勘 定 よ り 受 入	34	—	—	34
雑　　収　　入	46,890	—	△　　　5,272	41,618
計	48,062,486	—	△　12,768,454	35,294,032
（歳　　出）				
財政融資資金へ繰入	25,000,000	—	△　8,500,000	16,500,000
事 務 取 扱 費	5,934	2	△　　　　51	5,885
諸 支 出 金	257,338	—	△　　29,406	227,932
公債等事務取扱費一般会計へ繰入	106	—	—	106
国債整理基金特別会計へ繰入	22,591,732	—	△　4,037,175	18,554,557
予 備 費	60	—	—	60
計	47,855,170	2	△　12,566,632	35,288,541

5　エネルギー対策特別会計

（1）　エネルギー需給勘定

　「物価高克服・経済再生実現のための総合経済対策」の一環として、危機に強いエネルギー供給体制の構築等を図るため必要な経費の追加を行うものであって、その内訳は次のとおりである。

①　燃料安定供給対策費

補正第2号追加　　　　　58,949(百万円)

　上記の追加額は、天然ガス流通合理化事業等に必要な経費である。

②　独立行政法人エネルギー・金属鉱物資源

機構出資

補正第2号追加　　　　　　7,000(百万円)

　　上記の追加額は、脱炭素燃料サプライチェーン構築事業に必要な経費である。

③　エネルギー需給構造高度化対策費

補正第2号追加　　　　　192,126(百万円)

　　上記の追加額は、高効率給湯器導入促進事業等に必要な経費である。

（単位　百万円）

（歳　　入）	成　立　予　算	補　正(第2号)		計
		追　　加	修　正　減　少	
一般会計より受入	539,544	196,875	—	736,419
石油証券及借入金収入	1,498,700	—	—	1,498,700
備蓄石油売払代	20,378	—	—	20,378
雑　　収　　入	27,626	—	—	27,626
前年度剰余金受入	150,521	61,200	—	211,721
計	2,236,769	258,075	—	2,494,844
（歳　　出）				
燃料安定供給対策費	244,280	58,949	—	303,229
独立行政法人エネルギー・金属鉱物資源機構出資	38,800	7,000	—	45,800
エネルギー需給構造高度化対策費	328,609	192,126	—	520,735
国立研究開発法人新エネルギー・産業技術総合開発機構運営費	142,231	—	—	142,231
独立行政法人エネルギー・金属鉱物資源機構運営費	17,298	—	—	17,298
事務取扱費	7,718	—	—	7,718
諸支出金	0	—	—	0
融通証券等事務取扱費一般会計へ繰入	0	—	—	0
国債整理基金特別会計へ繰入	1,454,822	—	—	1,454,822
予　備　費	3,010	—	—	3,010
計	2,236,769	258,075	—	2,494,844

※成立予算額は、組替え掲記したので、第208回国会において成立した予算額とは符合しない。

（2）　電源開発促進勘定

　　「物価高克服・経済再生実現のための総合経済対策」の一環として、科学技術・イノベーション等を図るため国立研究開発法人日本原子力研究開発機構の研究施設の高度化等に必要な経費の追加を行うものである。

　　この勘定の予算補正の大要は、次のとおりである。

（単位　百万円）

（歳　　入）	成　立　予　算	補　正(第2号)		計
		追　　加	修　正　減　少	
電源立地対策財源一般会計より受入	143,302	—	—	143,302
電源利用対策財源一般会計より受入	108,728	15,081	—	123,809
原子力安全規制対策財源一般会計より受入	41,917	4,312	—	46,229

（　45　）

（単位　百万円）

| （歳　　入） | 成 立 予 算 | 補　　　正(第2号) | | 計 |
		追　　加	修 正 減 少	
雑　収　入	985	—	—	985
前 年 度 剰 余 金 受 入	27,504	—	—	27,504
計	322,436	19,393	—	341,829
（歳　　出）				
電 源 立 地 対 策 費	159,384	—	—	159,384
電 源 利 用 対 策 費	16,553	269	—	16,823
原 子 力 安 全 規 制 対 策 費	26,507	2,899	—	29,405
国立研究開発法人日本原子力研究開発機構運営費	93,358	1,602	—	94,961
国立研究開発法人日本原子力研究開発機構施設整備費	285	13,209	—	13,494
事　務　取　扱　費	25,839	1,414	—	27,252
諸　支　出　金	0	—	—	0
予　備　費	510	—	—	510
計	322,436	19,393	—	341,829

6　労働保険特別会計
（1）　労　災　勘　定

「物価高克服・経済再生実現のための総合経済対策」の一環として、賃上げの促進及び多様な働き方などの推進、人的資本に関する企業統治改革等を図るため、働き方改革推進支援助成金の支給等に必要な経費の追加を行うものである。

この勘定の予算補正の大要は、次のとおりである。

（単位　百万円）

| （歳　　入） | 成 立 予 算 | 補　　　正(第2号) | | 計 |
		追　　加	修 正 減 少	
他 勘 定 よ り 受 入	862,115	—	—	862,115
一 般 会 計 よ り 受 入	8	—	—	8
未 経 過 保 険 料 受 入	21,996	—	—	21,996
支 払 備 金 受 入	167,242	—	—	167,242
運 用 収 入	101,231	—	—	101,231
独立行政法人労働政策研究・研修機構納付金	28	—	—	28
雑　収　入	22,202	—	—	22,202
計	1,174,823	—	—	1,174,823
（歳　　出）				
労 働 安 全 衛 生 対 策 費	27,172	1,064	—	28,236
保　険　給　付　費	764,558	—	—	764,558
職務上年金給付費年金特別会計へ繰入	6,041	—	—	6,041
職務上年金給付費等交付金	5,014	—	—	5,014
社 会 復 帰 促 進 等 事 業 費	137,744	—	—	137,744

（単位 百万円）

（歳　　　出）	成 立 予 算	補　　　正(第2号)		計
		追　　　加	修 正 減 少	
独立行政法人労働者健康 安全機構運営費	11,221	―	―	11,221
独立行政法人労働者健康 安全機構施設整備費	1,825	―	―	1,825
仕 事 生 活 調 和 推 進 費	10,900	2,801	―	13,701
中小企業退職金共済等事 業費	1,560	―	―	1,560
独立行政法人労働政策研 究・研修機構運営費	126	―	―	126
個 別 労 働 紛 争 対 策 費	1,975	―	―	1,975
業 　務 　取 　扱 　費	64,617	―	―	64,617
施 　設 　整 　備 　費	1,273	―	―	1,273
保険料返還金等徴収勘定 へ繰入	37,722	―	―	37,722
予 　　備 　　費	6,300	―	―	6,300
計	1,078,048	3,865	―	1,081,913

（2）雇 用 勘 定

「物価高克服・経済再生実現のための総合経済対策」の一環として、保健医療体制の強化・重点化と雇用・暮らしを守る支援を図るため、雇用調整助成金の特例措置等に必要な経費の追加を行うものである。

この勘定の予算補正の大要は、次のとおりである。

（単位 百万円）

（歳　　　入）	成 立 予 算	補　　　正(第2号)		計
		追　　　加	修 正 減 少	
他 勘 定 よ り 受 入	2,246,983	―	―	2,246,983
一 般 会 計 よ り 受 入	55,541	731,424	―	786,964
積 立 金 よ り 受 入	1,264,402	―	△ 144,876	1,119,525
運 　用 　収 　入	5	―	―	5
独立行政法人高齢・障 害・求職者雇用支援機構 納付金	9	―	―	9
独立行政法人労働政策研 究・研修機構納付金	364	―	―	364
雑 　　収 　　入	26,359	―	―	26,359
前年度国庫負担金受入超 過額受入	―	313,073	―	313,073
計	3,593,661	1,044,497	△ 144,876	4,493,282
（歳　　　出）				
労使関係安定形成促進費	369	―	―	369
男 女 均 等 雇 用 対 策 費	15,573	238	―	15,812
中小企業退職金共済等事 業費	5,924	―	―	5,924
独立行政法人勤労者退職 金共済機構運営費	29	―	―	29

（単位　百万円）

（歳　　　出）	成　立　予　算	補　　正(第2号) 追　　加	修　正　減　少	計
個別労働紛争対策費	1,975	—	—	1,975
職業紹介事業等実施費	80,306	—	—	80,306
地域雇用機会創出等対策費	763,690	135,871	—	899,561
高齢者等雇用安定・促進費	210,360	35,958	—	246,318
失　業　等　給　付　費	1,379,554	—	—	1,379,554
育　児　休　業　給　付　費	729,995	—	—	729,995
就　職　支　援　法　事　業　費	25,337	—	—	25,337
職　業　能　力　開　発　強　化　費	60,779	—	—	60,779
若年者等職業能力開発支援費	3,359	—	—	3,359
独立行政法人高齢・障害・求職者雇用支援機構運営費	65,149	—	—	65,149
独立行政法人高齢・障害・求職者雇用支援機構施設整備費	2,000	—	—	2,000
障害者職業能力開発支援費	1,634	—	—	1,634
技能継承・振興推進費	3,617	—	—	3,617
独立行政法人労働政策研究・研修機構運営費	1,574	—	—	1,574
業　務　取　扱　費	119,754	—	—	119,754
施　設　整　備　費	3,842	—	—	3,842
育児休業給付資金へ繰入	37,486	—	—	37,486
保険料返還金等徴収勘定へ繰入	26,302	—	—	26,302
国債整理基金特別会計へ繰入	52	—	—	52
予　　備　　費	55,000	—	—	55,000
計	3,593,661	172,068	—	3,765,729

7　年金特別会計

（1）　子ども・子育て支援勘定

　　　本年の人事院勧告に基づく給与改善を反映したこと等による地域子ども・子育て支援に必要な経費等を追加するとともに、「特別会計に関する法律」(平19法23)に基づく3年度国庫負担金の精算に伴う受入超過額等の修正減少を行うものである。

　　　この勘定の予算補正の大要は、次のとおりである。

（単位　百万円）

（歳　　　入）	成　立　予　算	補　　正(第2号) 追　　加	修　正　減　少	計
事　業　主　拠　出　金　収　入	651,989	—	—	651,989
一　般　会　計　よ　り　受　入	2,492,016	106,027	△　33,717	2,564,326
積　立　金　よ　り　受　入	63,731	27,566	—	91,297

（単位　百万円）

（歳　　　入）	成　立　予　算	補　正(第2号)		計
		追　　加	修　正　減　少	
雑　　収　　入	6,748	—	—	6,748
前 年 度 剰 余 金 受 入	59,339	33,684	—	93,023
計	3,273,823	167,277	△　33,717	3,407,382
（歳　　　出）				
児 童 手 当 等 交 付 金	1,258,773	—	—	1,258,773
子ども・子育て支援推進費	1,626,519	103,824	—	1,730,343
地域子ども・子育て支援及仕事・子育て両立支援事業費	370,115	29,704	—	399,819
業 務 取 扱 費	10,699	65	△　33	10,730
諸 支 出 金	217	—	—	217
予 備 費	7,500	—	—	7,500
計	3,273,823	133,592	△　33	3,407,382

（2）業　務　勘　定

本年の人事院勧告に基づく給与改善を反映したこと等による業務取扱費の追加及び既定経費の不用に伴い、修正減少を行うものである。

この勘定の予算補正の大要は、次のとおりである。

（単位　百万円）

（歳　　　入）	成　立　予　算	補　正(第2号)		計
		追　　加	修　正　減　少	
一 般 会 計 よ り 受 入	107,547	—	△　11	107,536
他 勘 定 よ り 受 入	292,889	—	—	292,889
特別保健福祉事業資金より受入	18	—	—	18
独立行政法人福祉医療機構納付金	58	—	—	58
雑 収 入	9,662	—	—	9,662
前 年 度 剰 余 金 受 入	8,988	—	—	8,988
計	419,161	—	△　11	419,150
（歳　　　出）				
業 務 取 扱 費	40,941	101	△　112	40,930
社会保険オンラインシステム費	67,089	—	—	67,089
日 本 年 金 機 構 運 営 費	311,029	—	—	311,029
独立行政法人福祉医療機構納付金等相当財源健康勘定へ繰入	72	—	—	72
一 般 会 計 へ 繰 入	18	—	—	18
予 備 費	12	—	—	12
計	419,161	101	△　112	419,150

8 食料安定供給特別会計

（1）食糧管理勘定

主要食糧及び輸入飼料の買入代金の財源に充てるための食糧証券収入等の修正減少のほか、調整資金に充てるために要する一般会計より受入等の追加を行うものである。

この勘定の予算補正の大要は、次のとおりである。

（単位　百万円）

（歳　　　入）	成　立　予　算	補正(第2号) 追　　加	修　正　減　少	計
食　糧　売　払　代	466,394	—	△　8,955	457,439
輸　入　食　糧　納　付　金	434	—	—	434
一　般　会　計　よ　り　受　入	113,100	47,000	—	160,100
食　糧　証　券　収　入	323,760	—	△　79,260	244,500
雑　　　収　　　入	11,861	—	—	11,861
前　年　度　剰　余　金　受　入	—	14,928	—	14,928
計	915,549	61,928	△　88,215	889,262
（歳　　　出）				
食　糧　買　入　費	453,268	—	—	453,268
食　糧　管　理　費	37,711	—	—	37,711
交付金等他勘定へ繰入	135,043	—	△　924	134,119
融通証券等事務取扱費一般会計へ繰入	0	—	—	0
国債整理基金特別会計へ繰入	204,528	—	△　25,363	179,164
予　　　備　　　費	85,000	—	—	85,000
計	915,549	—	△　26,287	889,262

（2）農業再保険勘定

既定経費の不用に伴い、事務取扱費業務勘定へ繰入等の修正減少を行うものである。

この勘定の予算補正の大要は、次のとおりである。

（単位　百万円）

（歳　　　入）	成　立　予　算	補正(第2号) 追　　加	修　正　減　少	計
農　業　再　保　険　収　入	73,914	—	△　6	73,908
再　　保　　険　　料	948	—	—	948
一　般　会　計　よ　り　受　入	63,767	—	△　6	63,762
前　年　度　繰　越　資　金　受　入	9,198	—	—	9,198
積　立　金　よ　り　受　入	19,066	—	—	19,066
雑　　　収　　　入	2	—	—	2
計	92,981	—	△　6	92,975
（歳　　　出）				
農　業　再　保　険　費　及　交　付　金	73,611	—	—	73,611
事務取扱費業務勘定へ繰入	924	—	△　6	918

（単位　百万円）

（歳　　　出）	成　立　予　算	補　正(第2号) 追　加	修　正　減　少	計
予　備　費	18,000	—	—	18,000
計	92,535	—	△　　6	92,529

（3）　漁船再保険勘定

既定経費の不用に伴い、事務取扱費業務勘定へ繰入等の修正減少を行うものである。

この勘定の予算補正の大要は、次のとおりである。

（単位　百万円）

（歳　　　入）	成　立　予　算	補　正(第2号) 追　加	修　正　減　少	計
漁 船 再 保 険 収 入	8,000	—	△　　8	7,993
再　保　険　料	0	—	—	0
一 般 会 計 よ り 受 入	7,031	—	△　　8	7,023
前 年 度 繰 越 資 金 受 入	969	—	—	969
積 立 金 よ り 受 入	100	—	—	100
雑　収　入	0	—	—	0
計	8,100	—	△　　8	8,093
（歳　　　出）				
漁 船 再 保 険 費 及 交 付 金	6,583	—	—	6,583
事務取扱費業務勘定へ繰入	477	—	△　　8	469
予　備　費	100	—	—	100
計	7,160	—	△　　8	7,152

（4）　漁業共済保険勘定

既定経費の不用に伴い、事務取扱費業務勘定へ繰入等の修正減少を行うものである。

この勘定の予算補正の大要は、次のとおりである。

（単位　百万円）

（歳　　　入）	成　立　予　算	補　正(第2号) 追　加	修　正　減　少	計
漁 業 共 済 保 険 収 入	12,739	—	△　　8	12,732
保　険　料	0	—	—	0
一 般 会 計 よ り 受 入	10,587	—	△　　8	10,580
前 年 度 繰 越 資 金 受 入	2,152	—	—	2,152
借　入　金	11,700	—	—	11,700
雑　収　入	0	—	—	0
計	24,439	—	△　　8	24,432
（歳　　　出）				
漁 業 共 済 保 険 費 及 交 付 金	22,795	—	—	22,795

（単位　百万円）

（歳　　　　　出）	成立予算	補正（第2号）		計
		追　　加	修正減少	
事務取扱費業務勘定へ繰入	115	—	△　8	108
国債整理基金特別会計へ繰入	1,170	—	—	1,170
予　　備　　費	100	—	—	100
計	24,181	—	△　8	24,173

（5）　業　務　勘　定

消費税の還付金等の収入実績の増加による雑収入の追加等のほか、既定経費の不用に伴い、事務取扱費の修正減少等を行うものである。

この勘定の予算補正の大要は、次のとおりである。

（単位　百万円）

（歳　　　　　入）	成立予算	補正（第2号）		計
		追　　加	修正減少	
他　勘　定　よ　り　受　入	12,438	—	△　945	11,493
雑　　　収　　　入	1	896	—	897
計	12,438	896	△　945	12,390
（歳　　　　　出）				
事　務　取　扱　費	12,238	0	△　49	12,190
予　　備　　費	200	—	—	200
計	12,438	0	△　49	12,390

（6）　国営土地改良事業勘定

既定経費の不用に伴い、土地改良事業工事諸費等の修正減少を行うとともに、政府職員の給与改善に伴い必要な経費を追加するものである。

この勘定の予算補正の大要は、次のとおりである。

（単位　百万円）

（歳　　　　　入）	成立予算	補正（第2号）		計
		追　　加	修正減少	
一　般　会　計　よ　り　受　入	5,911	—	△　76	5,835
土地改良事業費負担金収入	7,518	—	—	7,518
借　　入　　金	800	—	—	800
雑　　　収　　　入	119	—	—	119
前　年　度　剰　余　金　受　入	23	—	—	23
計	14,371	—	△　76	14,294
（歳　　　　　出）				
土　地　改　良　事　業　費	6,228	—	—	6,228
土地改良事業工事諸費	900	0	△　76	824

(単位　百万円)

（歳　　出）	成　立　予　算	補正(第2号) 追　加	修　正　減　少	計
土地改良事業費負担金等収入一般会計へ繰入	1,421	—	—	1,421
東日本大震災復興土地改良事業費負担金等収入一般会計へ繰入	0	—	—	0
東日本大震災復興土地改良事業費負担金等収入東日本大震災復興特別会計へ繰入	1	—	—	1
国債整理基金特別会計へ繰入	5,621	—	—	5,621
予　　備　　費	200	—	—	200
計	14,371	0	△　76	14,294

9　国有林野事業債務管理特別会計

既定経費の不用に伴い、国債整理基金特別会計へ繰入等の修正減少を行うものである。

この会計の予算補正の大要は、次のとおりである。

(単位　百万円)

（歳　　入）	成　立　予　算	補正(第2号) 追　加	修　正　減　少	計
一　般　会　計　よ　り　受　入	19,949	—	△　1,177	18,772
借　　入　　金	334,700	—	—	334,700
計	354,649	—	△　1,177	353,472
（歳　　出）				
国債整理基金特別会計へ繰入	354,649	—	△　1,177	353,472

10　自動車安全特別会計

（1）　自動車検査登録勘定

既定経費の不用に伴い、業務取扱費等の修正減少を行うものである。

この勘定の予算補正の大要は、次のとおりである。

(単位　百万円)

（歳　　入）	成　立　予　算	補正(第2号) 追　加	修　正　減　少	計
検　査　登　録　印　紙　収　入	20,305	—	—	20,305
検　査　登　録　手　数　料　収　入	13,599	—	—	13,599
一　般　会　計　よ　り　受　入	275	—	△　2	273
他　勘　定　よ　り　受　入	1,190	—	—	1,190
雑　　収　　入	456	—	—	456
前　年　度　剰　余　金　受　入	16,885	—	—	16,885
計	52,711	—	△　2	52,709

(単位　百万円)

（歳　　　出）	成　立　予　算	補　　　　　正(第2号)			計
		追　　　加	修　正　減　少		
独立行政法人自動車技術 総合機構運営費	2,532	—	—		2,532
独立行政法人自動車技術 総合機構施設整備費	1,291	—	—		1,291
業　務　取　扱　費	37,088	—	△	2	37,086
施　設　整　備　費	1,292	—	—		1,292
予　　　備　　　費	150	—	—		150
計	42,353	—	△	2	42,351

（2）　自動車事故対策勘定

　　「物価高克服・経済再生実現のための総合経済対策」の一環として、国民の安全・安心の確保を図るため、自動車事故による被害者救済対策に必要な経費の追加を行うものである。

　　この勘定の予算補正の大要は、次のとおりである。

(単位　百万円)

（歳　　　入）	成　立　予　算	補　　　　　正(第2号)		計
		追　　　加	修　正　減　少	
積　立　金　よ　り　受　入	7,630	—	—	7,630
一　般　会　計　よ　り　受　入	5,400	1,249	—	6,649
償　還　金　収　入	449	—	—	449
独立行政法人自動車事故 対策機構納付金収入	111	—	—	111
雑　　　収　　　入	1,119	—	—	1,119
計	14,709	1,249	—	15,959
（歳　　　出）				
自　動　車　事　故　対　策　費	6,243	1,209	—	7,452
独立行政法人自動車事故 対策機構運営費	7,638	41	—	7,679
独立行政法人自動車事故 対策機構施設整備費	441	—	—	441
業務取扱費自動車検査登 録勘定へ繰入	387	—	—	387
計	14,709	1,249	—	15,959

11　東日本大震災復興特別会計

　　給与改善等に必要な経費及び復興債の償還費用の財源に充てるための国債整理基金特別会計への繰入れに必要な経費を追加するとともに、既定経費の不用に伴う修正減少を行うものである。

　　この会計の予算補正の大要は、次のとおりである。

(単位　百万円)

（歳　　　入）	成　立　予　算	補　　　　　正(第2号)		計
		追　　　加	修　正　減　少	
復　興　特　別　所　得　税	428,000	34,400	—	462,400

（歳　　　　入）	成　立　予　算	補　　　　正(第2号)		計
		追　　　加	修　正　減　少	
一 般 会 計 よ り 受 入	82,931	65,332	―	148,264
特 別 会 計 よ り 受 入	1	―	―	1
復 興 公 債 金	171,600	―	△　171,600	―
公共事業費負担金収入	86	―	―	86
災害等廃棄物処理事業費負担金収入	67	―	―	67
雑 収 入	158,589	304	―	158,893
前 年 度 剰 余 金 受 入	―	152,500	―	152,500
計	841,274	252,536	△　171,600	922,211

（1）　歳　　　　　入

①　復興特別所得税

補 正 第 2 号　　　　　　34,400(百万円)

　復興特別所得税は、配当所得等に対する所得税額が増加するものと見込まれること等から、最近までの収入実績等を勘案して増加見込額を計上したものである。

②　一般会計より受入

補 正 第 2 号　　　　　　65,332(百万円)

　一般会計より受入は、「特別会計に関する法律」(平19法23)等に基づく復興費用及び復興債の償還費用の財源に充てるため、一般会計の3年度の決算上の剰余金のうち65,328百万円及び一般会計の税外収入の受入実績による増加額4百万円を計上したものである。

③　復 興 公 債 金

補 正 第 2 号　　　　△　171,600(百万円)

　復興公債金は、「東日本大震災からの復興のための施策を実施するために必要な財源の確保に関する特別措置法」(平23法117)に基づく公債発行予定額の減少に伴う公債金収入の減少額を計上したものである。

④　雑　　収　　入

補 正 第 2 号　　　　　　304(百万円)

　雑収入は、「総合法律支援法」(平16法74)に基づき日本司法支援センターから納付された納付金の受入実績額等を計上したものである。

⑤　前年度剰余金受入

補 正 第 2 号　　　　　　152,500(百万円)

　前年度剰余金受入は、「特別会計に関する法律」(平19法23)に基づく前年度の決算上の剰余金のうち、復興費用及び復興債の償還費用の財源に充てるための受入額を計上したものである。

（2）　歳　　　　　出

①　給与改善等に必要な経費

補正第2号追加　　　　　　182(百万円)

　上記の追加額の内訳は、次のとおりである。

（単位　百万円）

復 興 庁 共 通 費	1
内 閣 共 通 費	1
法 務 省 共 通 費	0
環 境 省 共 通 費	181
計	182

②　復興債償還財源の国債整理基金特別会計へ繰入

補正第2号追加　　　　　　243,072(百万円)

　上記の追加額は、「特別会計に関する法律」(平19法23)に基づく復興債の償還費用の財源に充てるための国債整理基金特別会計への繰入れに必要な経費である。

③　既定経費の減額

補正第2号修正減少　　△　162,318(百万円)

　（イ）　復興加速化・福島再生予備費の減額

補正第2号修正減少　　△　100,000(百万円)

　既定の復興加速化・福島再生予備費を修正減少するものである。

　（ロ）　既定経費の減額

補正第2号修正減少　　△　　　62,318(百万円)

　　既定経費の不用額は 62,318 百万円である。このうち、復興債費に係るものは、17,397 百万円である。

　　既定経費の不用に伴う修正減少額の所管別内訳は、次のとおりである。

（単位　百万円）

復　　興　　庁	△	44,921
財　　務　　省	△	17,397
計	△	62,318

12　国庫債務負担行為の追加

　　次のとおり、所要の国庫債務負担行為の追加を行うこととしている。

（単位　百万円）

	限　度　額
エネルギー対策特別会計	14,831
食料安定供給特別会計	95,600
自動車安全特別会計	4,137
計	114,568

第4　財政投融資

今回の予算補正においては、「物価高克服・経済再生実現のための総合経済対策」を踏まえ、「物価高騰・賃上げへの取組」や、「新しい資本主義」の重点分野への投資等を推進すべく、株式会社国際協力銀行等4機関に対し、総額10,210億円の財政投融資計画の追加（財政融資14,010億円の追加及び政府保証3,800億円の減額）を行うこととしている。

1　運　　用

（1）　株式会社国際協力銀行

燃料価格高騰の影響を受ける本邦電力・ガス会社等による燃料輸入や、「新しい資本主義」の重点投資分野や経済安全保障分野における日本企業の海外展開を金融面で支援するために必要な資金として、財政融資7,000億円を追加することとしている。また、足元の外債市場の状況を踏まえ、政府保証4,000億円を減額することとしている。

以上から、差引、財政投融資3,000億円を追加することとしている。

（2）　独立行政法人国際協力機構

ウクライナ情勢による物価高騰や先進国の利上げ等による通貨安などを受けて、脆弱性が高まっている開発途上国等に対し緊急財政支援を実施するほか、4年度に実施中の事業について、円安の影響を受けた追加の資金需要に対応するため、出融資規模を5,010億円追加することとし、このために必要な資金として、財政投融資5,010億円を追加することとしている。

（3）　独立行政法人住宅金融支援機構

省エネルギー性に優れた住宅の普及を促進するため、証券化支援事業において必要な資金として、財政投融資200億円を追加することとしている。

（4）　株式会社日本政策投資銀行

足元での燃料価格高騰により厳しい状況にある事業者や、脱炭素社会実現に向けたGXに資するインフラ整備を金融面で支援するため、出融資規模を2,000億円追加することとし、このために必要な資金として、財政投融資2,000億円を追加することとしている。

2　原　　資

今回の予算補正における財政投融資計画の追加に伴って必要となる財源としては、新たに財政融資資金14,010億円及び政府保証国内債200億円の合計14,210億円を予定しているが、株式会社国際協力銀行における政府保証外債が4,000億円減額されるので、差引、財政投融資の原資の追加は10,210億円となる。

なお、令和4年度財政投融資計画の改定の概要は、次のとおりである。

（単位　億円）

機　関　名	当初計画	補　　正	改定計画
株式会社国際協力銀行	16,060	3,000	19,060
独立行政法人国際協力機構	6,417	5,010	11,427
独立行政法人住宅金融支援機構	2,549	200	2,749
株式会社日本政策投資銀行	7,000	2,000	9,000
小　　　計	32,026	10,210	42,236
食料安定供給特別会計外27機関	156,829	—	156,829
合　　　計	188,855	10,210	199,065

付　表

1　令和４年度一般会計歳入歳出予算補正（第２号）経常部門及び投資部門区分表

（単位　億円）

区　　分	４年度成立予算額（Ａ）	改４年度予算額（Ｂ）	比較増△減額（Ｂ－Ａ）
I　経　常　部　門			
（歳　入）			
租税及印紙収入	652,035	683,275	31,240
税　外　収　入	48,071	53,002	4,932
公　債　金	333,759	537,519	203,760
前年度剰余金受入	531	23,263	22,732
小　　　計	1,034,396	1,297,060	262,664
投資部門へ充当	△　2,224	△　5,012	△　2,787
計	1,032,172	1,292,048	259,876
（歳　出）			
一　般　経　費	961,972	1,174,448	212,476
新型コロナウイルス感染症及び原油価格・物価高騰対策予備費	61,200	98,600	37,400
ウクライナ情勢経済緊急対応予備費	—	10,000	10,000
予　　備　　費	9,000	9,000	—
計	1,032,172	1,292,048	259,876
II　投　資　部　門			
（歳　入）			
租税及印紙収入	315	315	—
税　外　収　入	5,752	7,551	1,799
公　債　金	62,510	87,270	24,760
小　　　計	68,577	95,136	26,559
経常部門から充当	2,224	5,012	2,787
計	70,802	100,148	29,346
（歳　出）			
公共事業関係費、施設費等	70,802	100,148	29,346
III　合　　　計	1,102,973	1,392,196	289,222

（備考）1　４年度の補正（第２号）後の公債金収入の総額は 624,789 億円であり、その内訳は次のとおりである。
　　(1)　経常部門の「公債金」（537,519 億円）は、「財政運営に必要な財源の確保を図るための公債の発行の特例に関する法律」（平 24 法 101）第３条第１項の規定により発行する公債に係る公債金収入の見込額である。
　　(2)　投資部門の「公債金」（87,270 億円）は、「財政法」（昭22法34）第4条第1項ただし書の規定により発行する公債に係る公債金収入の見込額である。
　　2　「公共事業関係費、施設費等」には、出資金及び貸付金が含まれる。
　　3　４年度成立予算額は、組替え掲記したので、既成立予算額とは符合しない。

(付) 投 資 部 門 歳 出 内 訳

(単位　億円)

区　　　分	4 年度成立 予算額（A）	改 4 年 度 予算額（B）	比較増△減額 （B－A）
Ⅰ　公　共　事　業　費			
㈠　公　共　事　業　関　係　費	59,923	79,880	19,957
特　定　財　源　見　合	5,960	7,758	1,799
財　政　法　公　債　対　象	53,964	72,122	18,159
㈡　そ　の　他　施　設　費	5,739	12,366	6,628
特　定　財　源　見　合	108	137	29
財　政　法　公　債　対　象	5,631	12,229	6,599
Ⅱ　出　　　　　資　　　　　金	3,961	6,722	2,761
（財　政　法　公　債　対　象）			
Ⅲ　貸　　　　　付　　　　　金	1,179	1,179	―
（財　政　法　公　債　対　象）			
Ⅳ　合　　　　　　　　　　　計	70,802	100,148	29,346
特　定　財　源　見　合	6,067	7,895	1,828
財　政　法　公　債　対　象	64,734	92,252	27,518

（備考）1　4年度の補正(第2号)後の「財政法公債対象経費」92,252億円の内訳は、第2一般会計(B)歳入3公
　　　　債金(34頁)の説明に掲げられているとおりである。

　　　2　上記の「公共事業関係費」の計数は、主要経費別分類の公共事業関係費の計数から、(1)経常部門の歳
　　　　出としている住宅対策諸費(住宅建設事業調査費及び独立行政法人住宅金融支援機構出資金を除く。)及
　　　　び民間都市開発推進機構補給金、(2)投資部門の「出資金」として整理している国立研究開発法人森林研
　　　　究・整備機構出資金、独立行政法人住宅金融支援機構出資金及び独立行政法人日本高速道路保有・債務
　　　　返済機構出資金並びに(3)投資部門の「貸付金」として整理している電線敷設工事資金貸付金、自動運行
　　　　補助施設設置工事資金貸付金、埠頭整備等資金貸付金、港湾開発資金貸付金、特定連絡道路工事資金貸
　　　　付金、都市開発資金貸付金、有料道路整備資金貸付金及び連続立体交差事業資金貸付金の計数を控除し
　　　　たものである。

　　　3　「公共事業関係費」の「特定財源見合」の計数は、(1)航空機燃料税財源見合の空港整備事業費、(2)公
　　　　共事業費負担金相当額、(3)受託工事収入人件費等相当額、(4)附帯工事費負担金人件費等相当額及び
　　　　(5)河川管理費人件費等相当額の合計額である。

　　　4　「その他施設費」の「特定財源見合」の計数は、電波利用料財源見合の施設整備費相当額である。

　　　5　4年度成立予算額は、組替え掲記したので、既成立予算額とは符合しない。

2　令和4年度一般会計歳入歳出予算補正(第2号)額調

(1)　歳入予算補正区分表

(単位　千円)

区　　　分	4年度成立予算額	補正額 追加額	修正減少額	差引額	改4年度予算額
租 税 及 印 紙 収 入	65,235,000,000	3,124,000,000	—	3,124,000,000	68,359,000,000
官業益金及官業収入	50,921,756	—	—	—	50,921,756
政 府 資 産 整 理 収 入	251,716,395	54,240,203	—	54,240,203	305,956,598
雑　　収　　入	5,079,640,601	619,905,604	△ 1,089,754	618,815,850	5,698,456,451
公　　債　　金	39,626,917,255	22,852,000,000	—	22,852,000,000	62,478,917,255
前 年 度 剰 余 金 受 入	53,145,806	2,273,171,231	—	2,273,171,231	2,326,317,037
計	110,297,341,813	28,923,317,038	△ 1,089,754	28,922,227,284	139,219,569,097

(2)　歳出予算補正主要経費別表

(単位　千円)

事　　　項	4年度成立予算額	補正額 追加額	修正減少額	差引額	改4年度予算額
社 会 保 障 関 係 費					
1　年 金 給 付 費	12,764,072,176	—	—	—	12,764,072,176
2　医 療 給 付 費	12,092,506,004	82,938,398	△ 11,421,921	71,516,477	12,164,022,481
3　介 護 給 付 費	3,580,256,585	—	△ 1,867,175	△ 1,867,175	3,578,389,410
4　少 子 化 対 策 費	3,109,416,261	106,277,870	△ 32,768,156	73,509,714	3,182,925,975
5　生活扶助等社会福祉費	4,175,866,897	372,446,830	△ 3,115,979	369,330,851	4,545,197,748
6　保 健 衛 生 対 策 費	475,601,544	3,376,826,131	△ 2,598,336	3,374,227,795	3,849,829,339
7　雇 用 労 災 対 策 費	75,822,695	778,925,396	△ 51,135	778,874,261	854,696,956
計	36,273,542,162	4,717,414,625	△ 51,822,702	4,665,591,923	40,939,134,085
文 教 及 び 科 学 振 興 費					
1　義務教育費国庫負担金	1,501,467,000	14,182,577	—	14,182,577	1,515,649,577
2　科 学 技 術 振 興 費	1,378,764,936	2,804,898,127	△ 1,787,710	2,803,110,417	4,181,875,353
3　文 教 施 設 費	74,329,393	127,377,990	—	127,377,990	201,707,383
4　教 育 振 興 助 成 費	2,313,851,595	465,016,660	△ 9,638	465,007,022	2,778,858,617
5　育 英 事 業 費	121,703,097	12,996,458	△ 69,566	12,926,892	134,629,989
計	5,390,116,021	3,424,471,812	△ 1,866,914	3,422,604,898	8,812,720,919
国　　債　　費	24,346,279,258	691,625,006	△ 966,241,503	△ 274,616,497	24,071,662,761
恩 給 関 係 費	122,149,377	23,265	△ 374,898	△ 351,633	121,797,744
地 方 交 付 税 交 付 金	15,655,838,658	1,634,820,465	—	1,634,820,465	17,290,659,123
地 方 特 例 交 付 金	226,700,000	—	△ 3,993,279	△ 3,993,279	222,706,721
防 衛 関 係 費	5,368,725,109	446,374,438	△ 4,607,438	441,767,000	5,810,492,109
公 共 事 業 関 係 費					
1　治山治水対策事業費	950,737,000	333,773,012	△ 1,667,022	332,105,990	1,282,842,990
2　道 路 整 備 事 業 費	1,665,986,000	315,235,878	△ 1,540,527	313,695,351	1,979,681,351

事　　　　項	4 年 度 成 立予 算 額	補　　正　　額			改 4 年 度予 算 額
		追　加　額	修正減少額	差　引　額	
3　港湾空港鉄道等整備事業費	398,783,000	95,320,955 △	915,669	94,405,286	493,188,286
4　住宅都市環境整備事業費	729,932,000	247,790,929 △	288,274	247,502,655	977,434,655
5　公園水道廃棄物処理等施設整備費	161,911,000	74,228,000 △	142,934	74,085,066	235,996,066
6　農林水産基盤整備事業費	608,052,000	238,603,226 △	1,043,611	237,559,615	845,611,615
7　社会資本総合整備事業費	1,397,301,000	314,393,000	―	314,393,000	1,711,694,000
8　推　進　費　等	67,573,000	200,000	―	200,000	67,773,000
小　　　　計	5,980,275,000	1,619,545,000 △	5,598,037	1,613,946,963	7,594,221,963
9　災害復旧等事業費	77,248,000	381,783,000	―	381,783,000	459,031,000
計	6,057,523,000	2,001,328,000 △	5,598,037	1,995,729,963	8,053,252,963
経　済　協　力　費	510,547,003	337,473,771 △	1,054,509	336,419,262	846,966,265
中 小 企 業 対 策 費	171,267,428	1,247,349,659 △	75,001	1,247,274,658	1,418,542,086
エ ネ ル ギ ー 対 策 費	875,642,103	1,321,187,524	―	1,321,187,524	2,196,829,627
食 料 安 定 供 給 関 係 費	1,270,120,994	492,077,935 △	878,393	491,199,542	1,761,320,536
そ の 他 の 事 項 経 費	7,008,890,700	8,945,438,597 △	40,845,139	8,904,593,458	15,913,484,158
皇　　室　　費	7,308,939	―	―	―	7,308,939
国　　　　　会	127,165,137	6,326,722 △	1,360,064	4,966,658	132,131,795
裁　　判　　所	322,813,550	4,477,464 △	3,270,013	1,207,451	324,021,001
会 計 検 査 院	16,928,289	672,442 △	453,297	219,145	17,147,434
内　　　　　閣	107,172,414	26,787,138 △	1,522,207	25,264,931	132,437,345
内　　閣　　府	670,207,877	913,248,847 △	4,615,458	908,633,389	1,578,841,266
デ ジ タ ル 庁	472,025,550	121,255,494 △	360,825	120,894,669	592,920,219
総　　務　　省	399,698,594	49,426,514 △	1,741,779	47,684,735	447,383,329
法　　務　　省	743,785,213	29,225,765 △	4,555,691	24,670,074	768,455,287
外　　務　　省	291,256,171	20,278,488 △	991,324	19,287,164	310,543,335
財　　務　　省	1,111,635,030	353,071,178 △	4,990,610	348,080,568	1,459,715,598
文 部 科 学 省	216,401,768	72,518,984 △	213,985	72,304,999	288,706,767
厚 生 労 働 省	247,982,070	53,719,639 △	4,579,186	49,140,453	297,122,523
農 林 水 産 省	215,144,490	269,142 △	4,464,434 △ 4,195,292		210,949,198
経 済 産 業 省	1,289,553,434	6,865,330,982 △	1,108,503	6,864,222,479	8,153,775,913
国 土 交 通 省	680,587,582	398,612,158 △	6,305,744	392,306,414	1,072,893,996
環　　境　　省	89,224,592	30,217,640 △	312,019	29,905,621	119,130,213
新型コロナウイルス感染症及び原油価格・物価高騰対策予備費	6,120,000,000	3,740,000,000	―	3,740,000,000	9,860,000,000
ウクライナ情勢経済緊急対応予備費	―	1,000,000,000	―	1,000,000,000	1,000,000,000
予　　備　　費	900,000,000	―	―	―	900,000,000
合　　　　計	110,297,341,813	29,999,585,097 △	1,077,357,813	28,922,227,284	139,219,569,097

（3）　歳出予算補正所管別表

（単位　千円）

所管別	4年度成立予算額	補正額			改4年度予算額
		追加額	修正減少額	差引額	
皇室費	7,308,939	—	—	—	7,308,939
国会	128,307,623	6,326,722	△ 1,360,064	4,966,658	133,274,281
裁判所	322,813,550	4,477,464	△ 3,270,013	1,207,451	324,021,001
会計検査院	16,928,289	672,442	△ 453,297	219,145	17,147,434
内閣	107,172,414	26,787,138	△ 1,522,207	25,264,931	132,437,345
内閣府	3,943,292,360	1,363,158,548	△ 38,575,145	1,324,583,403	5,267,875,763
デジタル庁	472,025,550	121,255,494	△ 360,825	120,894,669	592,920,219
総務省	16,462,407,984	1,763,077,376	△ 5,877,793	1,757,199,583	18,219,607,567
法務省	743,785,213	29,225,765	△ 4,555,691	24,670,074	768,455,287
外務省	690,400,138	264,767,991	△ 991,324	263,776,667	954,176,805
財務省	32,695,834,051	5,878,575,473	△ 971,285,609	4,907,289,864	37,603,123,915
文部科学省	5,281,844,828	1,456,173,790	△ 1,354,083	1,454,819,707	6,736,664,535
厚生労働省	33,516,048,600	4,613,655,554	△ 23,781,602	4,589,873,952	38,105,922,552
農林水産省	2,104,261,924	748,591,914	△ 6,506,535	742,085,379	2,846,347,303
経済産業省	2,067,892,583	11,045,312,147	△ 1,724,474	11,043,587,673	13,111,480,256
国土交通省	6,039,146,173	2,097,443,296	△ 10,794,743	2,086,648,553	8,125,794,726
環境省	329,146,485	133,709,545	△ 336,970	133,372,575	462,519,060
防衛省	5,368,725,109	446,374,438	△ 4,607,438	441,767,000	5,810,492,109
合計	110,297,341,813	29,999,585,097	△ 1,077,357,813	28,922,227,284	139,219,569,097

3 令和4年度特別会計歳入歳出予算補正(特第2号)額調

(単位 千円)

会 計 名		4年度成立予算額	補正額			改4年度予算額
			追 加 額	修正減少額	差 引 額	
交付税及び譲与税配付金						
	歳　入	51,419,136,024	2,020,614,699	△　3,993,279	2,016,621,420	53,435,757,444
	歳　出	49,955,050,861	2,015,014,699	△　3,993,279	2,011,021,420	51,966,072,281
国 債 整 理 基 金						
	歳　入	245,798,477,293	5,807,882,807	△14,432,313,594	△ 8,624,430,787	237,174,046,506
	歳　出	245,798,477,293	7,811,262	△ 8,632,242,049	△ 8,624,430,787	237,174,046,506
財 政 投 融 資						
財政融資資金勘定						
	歳　入	48,062,485,807	—	△12,768,453,868	△12,768,453,868	35,294,031,939
	歳　出	47,855,170,402	2,405	△12,566,631,952	△12,566,629,547	35,288,540,855
その他の勘定						
	歳　入	769,937,529	—	—	—	769,937,529
	歳　出	738,924,107	—	—	—	738,924,107
エ ネ ル ギ ー 対 策						
エネルギー需給勘定						
	歳　入	2,236,769,231	258,074,674	—	258,074,674	2,494,843,905
	歳　出	2,236,769,231	258,074,674	—	258,074,674	2,494,843,905
電源開発促進勘定						
	歳　入	322,435,744	19,393,457	—	19,393,457	341,829,201
	歳　出	322,435,744	19,393,457	—	19,393,457	341,829,201
原子力損害賠償支援勘定						
	歳　入	11,216,819,313	—	—	—	11,216,819,313
	歳　出	11,216,819,313	—	—	—	11,216,819,313
労 働 保 険						
労 災 勘 定						
	歳　入	1,174,822,903	—	—	—	1,174,822,903
	歳　出	1,078,047,595	3,865,165	—	3,865,165	1,081,912,760
雇 用 勘 定						
	歳　入	3,593,661,183	1,044,496,845	△　144,876,358	899,620,487	4,493,281,670
	歳　出	3,593,661,183	172,067,961	—	172,067,961	3,765,729,144
徴 収 勘 定						
	歳　入	3,186,583,210	—	—	—	3,186,583,210
	歳　出	3,186,583,210	—	—	—	3,186,583,210
年 金						
子ども・子育て支援勘定						
	歳　入	3,273,823,125	167,276,578	△　33,717,476	133,559,102	3,407,382,227
	歳　出	3,273,823,125	133,592,274	△　33,172	133,559,102	3,407,382,227
業 務 勘 定						
	歳　入	419,161,054	—	△　11,052	△　11,052	419,150,002
	歳　出	419,161,054	100,546	△　111,598	△　11,052	419,150,002
その他の勘定						
	歳　入	93,218,527,121	—	—	—	93,218,527,121
	歳　出	93,218,527,121	—	—	—	93,218,527,121

（単位　千円）

会 計 名	4 年 度 成 立予 算 額	補 正 額 追 加 額	修 正 減 少 額	差 引 額	改 4 年 度予 算 額
食 料 安 定 供 給					
食 糧 管 理 勘 定					
歳　　入	915,548,997	61,927,813	△ 88,214,998	△ 26,287,185	889,261,812
歳　　出	915,548,997	―	△ 26,287,185	△ 26,287,185	889,261,812
農 業 再 保 険 勘 定					
歳　　入	92,981,077	―	△ 5,758	△ 5,758	92,975,319
歳　　出	92,534,774	―	△ 5,758	△ 5,758	92,529,016
漁 船 再 保 険 勘 定					
歳　　入	8,100,403	―	△ 7,808	△ 7,808	8,092,595
歳　　出	7,159,813	―	△ 7,808	△ 7,808	7,152,005
漁 業 共 済 保 険 勘 定					
歳　　入	24,439,416	―	△ 7,640	△ 7,640	24,431,776
歳　　出	24,180,564	―	△ 7,640	△ 7,640	24,172,924
業 務 勘 定					
歳　　入	12,438,251	896,476	△ 945,187	△ 48,711	12,389,540
歳　　出	12,438,251	280	△ 48,991	△ 48,711	12,389,540
国営土地改良事業勘定					
歳　　入	14,370,807	―	△ 76,354	△ 76,354	14,294,453
歳　　出	14,370,807	51	△ 76,405	△ 76,354	14,294,453
農 業 経 営 安 定 勘 定					
歳　　入	274,378,334	―	―	―	274,378,334
歳　　出	274,378,334	―	―	―	274,378,334
国 有 林 野 事 業 債 務 管 理					
歳　　入	354,648,504	―	△ 1,176,925	△ 1,176,925	353,471,579
歳　　出	354,648,504	―	△ 1,176,925	△ 1,176,925	353,471,579
自 動 車 安 全					
自 動 車 検 査 登 録 勘 定					
歳　　入	52,710,650	―	△ 1,965	△ 1,965	52,708,685
歳　　出	42,352,683	―	△ 1,965	△ 1,965	42,350,718
自 動 車 事 故 対 策 勘 定					
歳　　入	14,709,171	1,249,475	―	1,249,475	15,958,646
歳　　出	14,709,171	1,249,475	―	1,249,475	15,958,646
そ の 他 の 勘 定					
歳　　入	451,432,403	―	―	―	451,432,403
歳　　出	390,743,162	―	―	―	390,743,162
東 日 本 大 震 災 復 興					
歳　　入	841,274,453	252,536,427	△ 171,600,000	80,936,427	922,210,880
歳　　出	841,274,453	243,253,998	△ 162,317,571	80,936,427	922,210,880

4　消費税の収入(国分)及び消費税の収入(国分)が充てられる経費

(単位　億円)

区　　　　　分	改4年度予算額
(歳　　　入)	
消　費　税　の　収　入(国　分)	178,396
(歳　　　出)	
年　　　　　　　金	133,871
医　　　　　　　療	121,640
介　　　　　　　護	35,784
少　子　化　対　策	31,831
合　　　　　　　計	323,126

(注)　「消費税の収入(国分)」の金額は、消費税の収入から地方交付税交付金(法定率分)に相当する金額を除いた金額であり、4年度における消費税の収入の予算額の 80.5/100 に相当する金額である。